警察官になるには

山下久猛 著

なるにはBOOKS 48

ぺりかん社

はじめに

今この本を手に取っているきみは警察官に何らかの興味を抱《いだ》いていると思う。きみがイメージする警察官はどんなものだろう。悪い犯罪者から人びとを守るため、あるいは何の罪もない人に危害を加えた犯人を捕《つか》まえるため、昼も夜もなく奮闘《ふんとう》している正義の味方というイメージだろうか。そのイメージは、ほぼ間違《まちが》っていない。

『広辞苑《こうじえん》』にも、「警察官は、国民の生命・身体・財産を守るため、警察法に基づいて、犯罪の予防・鎮圧《ちんあつ》・捜査《そうさ》、被疑者《ひぎしゃ》の逮捕《たいほ》、検挙などを執行《しっこう》する公務員」と定義されている。まさに命を懸《か》けて悪と闘《たたか》う警察官は世界中の子どもたちのあこがれであり、尊敬を集める存在だ。例に漏《も》れず、私自身も一時は警察官をめざしたことがある。

みんなも知っての通り、日本は法治国家だが、法律はただあるだけでは意味がない。法律を破った人、つまり犯罪者に相応の罰《ばつ》を下す。それが犯罪の抑止力《よくしりょく》になり、治安が保たれ、みんなが安心して暮《く》らせるようになる。その第一段階の、法を犯した者を逮捕《たいほ》し、検察に送るのが警察の仕事だ。この「法の執行《しっこう》」が警察官に与《あた》えられた最大の権限・存在意義で、国家になくてはならない職業の一つになっているゆえんだ。これほどの大きなやりがいを感じられる仕事はそうそうないだろう。ただその反面、武器の所持が認められ、他人を拘束《こうそく》し自由を奪《うば》えるという強い権限をもたされている法の執行者《しっこうしゃ》だからこそ、警察官がルールを破ることがあってはならないし、逮捕《たいほ》はあくまでも法に則り、慎重《しんちょう》に行う必要がある。無実の人の人生を狂《くる》わせる誤認逮捕《たいほ》などもってのほかだ。警察官を志す人はこの自律と正義の精神も国民を守りたいという思いと同じくらいもっていなくてはならない。

警察官は映画やドラマの主人公のような直接犯人を逮捕《たいほ》する刑事だけではない。警察のなかにはさまざまな職種がある。警察官といえば常人をはるかに凌駕《りょうが》する体力や強さがないとなれないと思っている人も多いが、決してそんなことはない。職種のなかにはそれほど体力や強さを必要としないものもある。ただ、「人の役に立ちたい」「悪は許さない」という思いは全員同じ。このような思いをもっている人はぜひ警察官をめざしてほしい。

警察官には警察庁と都道府県警察の2種類があり、前者は各都道府県警察を指導・監督《かんとく》する国家公務員、後者はほとんどが実際に各種警察活動を行う地方公務員だ。2023年度の全国の警察官の数は警察庁が約2300人、都道府県警察が約26万人と、圧倒的《あっとうてき》に後者のほうが多い。ゆえに、この本は基本的に都道府県警察で働く警察官の日々の仕事内容や仕事に懸《か》ける思い、やりがい、つらい点、なり方などについて紹介《しょうかい》している。

取材には千葉《ちば》県警察本部や警視庁をはじめ、さまざまな方々にご協力いただきました。深く御礼《おんれい》申し上げます。

著者

警察官になるには　目次

［3章］

なるにはコース

※本書に登場する方々の所属などは取材時のものです。

［装丁］図工室　［カバーイラスト］和田治男　［本文写真］山下久猛

「なるにはBOOKS」を手に取ってくれたあなたへ

「働く」って、どういうことでしょうか?

「毎日、会社に行くこと」「お金を稼《かせ》ぐこと」「生活のために我慢《がまん》すること」。

どれも正解です。でも、それだけでしょうか? 「なるにはBOOKS」は、みなさんに「働く」ことの魅力《みりょく》を伝えるために1971年から刊行している職業紹介《しょうかい》ガイドブックです。

各巻は3章で構成されています。

[1章] ドキュメント 今、この職業に就いている先輩《せんぱい》が登場して、仕事にかける熱意や誇《ほこ》り、苦労したこと、楽しかったこと、自分の成長につながったエピソードなどを本音で語ります。

[2章] 仕事の世界 職業の成り立ちや社会での役割、必要な資格や技術、将来性などを紹介《しょうかい》します。

[3章] なるにはコース なり方を具体的に解説します。適性や心構え、資格の取り方、進学先などを参考に、これからの自分の進路と照らし合わせてみてください。

この本を読み終わった時、あなたのこの職業へのイメージが変わっているかもしれません。

「やる気が湧《わ》いてきた」「自分には無理そうだ」「ほかの仕事についても調べてみよう」。

どの道を選ぶのも、あなたしだいです。「なるにはBOOKS」が、あなたの将来を照らす水先案内になることを祈っています。

1章

ドキュメント

市民の生活と安全を守る！

ドキュメント 1

地域の治安を守る最前線に立つ警察官

日夜街を駆け回り 平穏な暮らしを守る！

警視庁《けいしちょう》 亀有警察署《かめありけいさつしょ》 地域課《ちいきか》
金町駅北口交番《かなまちえききたぐちこうばん》

佐藤《さとう》 恵《けい》さん

佐藤さんの歩んだ道のり

1999年岩手《いわて》県出身。2021年に警視庁入庁。父が学校教諭《きょうゆ》、兄が警察官という公務員家系に育つ。小学校から大学まで野球部で活躍《かつやく》。兄の姿に感銘《かんめい》を受け、都内の大学の法学部を卒業後、警察官に。半年間の警察学校での訓練を経て、亀有警察署地域課に配属。金町駅北口交番勤務。休日はジムでのトレーニングとカフェでの読書で気分転換《てんかん》。

兄の影響《えいきょう》で警察官に

私が警察官になったのは、2つ年上の兄の存在が大きく影響《えいきょう》しています。兄も警視庁の警察官で、仕事の話を聞くうちに、やりがいがあると感じて自分もなりたいと思うようになりました。特に強く印象に残っているのが、学生時代に兄と遊びに行った時のこと。駅で重い荷物を持って階段を登っているお年寄りを見かけた時、兄は「大変そうですね。よかったら荷物を持ちましょうか」と優しく声をかけて荷物を持って階段を登り、別れ際には荷物を返しつつ「この先もお気をつけて行ってくださいね」と気遣《きづか》っていました。警察官になる前の兄は、もの静かで内気で、とても見知らぬ他人に声をかけられるような性格ではなかったので、この行動に衝撃《しょうげき》を受けました。

「今のすごいね」と兄に言うと、「警察官はふだんからこういうことをやるし、相手にとっても迷惑《めいわく》じゃないから、自然とできるようになったんだ」と平然と答えました。それを聞いてさらに驚《おどろ》き、自分も兄のような警察官になりたいと警視庁の採用試験を受けて、2021年に入庁しました。

半年間の警察学校での訓練を経て、卒業配置直前は、いよいよあこがれの警視庁のエンブレムがついた制服の袖《そで》に腕を通して管内の治安を守るために働けるという期待と同時に、警察官として現場で都民の期待に応えられる仕事がちゃんとできるだろうかという不安が入り交じった気持ちでした。

地域警察官の仕事

警視庁では、ほとんどの警察官が警察学校

を卒業して最初に配属されるのが警察署の地域課。いわゆる交番のおまわりさんです。ここから警察官としての第一歩が始まります。任務は、地域の実態にあわせ、日常生活の場で起こるさまざまなトラブルや事件、事故などにすばやく対応し、地域住民の安全と平穏《へいおん》を確保することです。つまり、地域警察は地域を守る最前線であり、新任警察官にとっては基礎《きそ》を身につけ、実力を養っていく場でもあるのです。私の場合は東京都葛飾《かつしか》区にある亀有警察署の金町駅北口交番から第一歩を踏《ふ》み出《だ》しました。

勤務中は制服を着て、警察手帳・手錠《てじょう》・拳《けん》銃《じゅう》・警棒・警笛・懐中《かいちゅう》電灯などを装備します。この時、毎回身が引《ひ》き締《し》まる思いがします。

交番勤務には数多くの仕事があります。まず、交番にいる時は、来訪者の対応。交番には日々さまざまな人が訪れます。なくした物（遺失物）の相談に来る人や、拾った物（拾得物）を届けに来る人に対しては遺失物・拾得物届の受理、行きたい場所やそこへのルートがわからない人への地理案内、置き引きや

制服には旭日章とそれを囲む桜の花と葉、TOKYOの文字

万引きなど何らかの被害《ひがい》にあった人には被害《ひがい》届《とどけ》の受理など、それぞれの事案に応じて臨機応変に対処します。

金町駅北口交番は繁華街《はんかがい》に近いので、昼夜問わず、酔《よ》っ払《ぱら》いも来ることがありますが話を聞くうちに落ち着いてくると、「ありがとう」と言って帰っていく人が多いです。

また、近所のお年寄りや子どもなど、私たちと話がしたいから来てくれる方々や、なかには交番が心の拠《よ》りどころになっている方もいます。話す内容は日常の何げない事柄《ことがら》ですが、私にとっても大切な時間です。

「このおまわりさんは何げない話でもちゃんと聞いてくれる」という意識があれば、何かあった時にすぐ連絡《れんらく》をくれて、事件の早期発見、解決につながる可能性が高まるからです。地域住民とふだんから友好関係、信頼《しんらい》関係を築いておくことが重要なのです。

交番外での仕事

交番の外でも仕事がいろいろあります。その代表格が管轄内《かんかつない》のパトロール。その主な目的は犯罪の未然防止。空《あ》き巣《す》や強盗《ごうとう》、違法《いほう》薬物の売買などの犯罪に手を染めようとしている人が私たち制服警察官を見ると、この地域では悪事はできないなという意識が働きます。

住民も自分が暮《く》らしている町でおまわりさんがパトロールしている姿を見かけると安心しますよね。そんな地域住民の安心感につなげることも目的のひとつです。

私は徒歩か自転車でパトロールしています。特に頻繁《ひんぱん》に昼夜問わず回るのが繁華街《はんかがい》など。直接犯罪に影響《えいきょう》しているかどうかにかかわらず、風紀が乱れがちなエリアなので、警察官

自転車で地域のパトロール。近所の人たちが声をかけてくれることも

が姿を見せておくのは防犯上有意義だからです。また、これまでに塀《へい》や壁《かべ》を壊《こわ》されたとかシャッターに落書きされたなど、器物損壊《そんかい》の被害《ひがい》を受けた民家や商店には、その犯人が検挙ずみ、捜査中《そうさちゅう》にかかわらず、できるだけ顔を出して、「最近いかがですか」と声をかけるようにしています。これも住民に安心してもらうためと、犯罪防止のために重要なことです。

それから、人目につかない場所は、ひったくりや暴力沙汰《ざた》などの犯罪が起こることが多いので、特に路地や建物の裏などをできるだけ回って確認するようにしています。

パトロール中、気をつけている点としては、住民への安全・安心面での声かけと防犯の確認です。たとえばお年寄りには、あいさつから始まって世間話をし、最後に「最近特殊《とくしゅ》詐《さ》欺《ぎ》が流行っているので気をつけてくださいね」という注意喚起《かんき》で終えるようにしています。防犯という面では、不審《ふしん》な人物や車両などチェックしています。

地域警察官の武器・職務質問

これから悪事を働こうとしている人や、すでにしている人は、警察官の姿を見ると不審《ふしん》な行動をとりがちです。このような少しでも不審《ふしん》な点を認めたら職務質問を行います。「こんにちは。すみません、職務質問なんですけどご協力お願いします」と声をかけて、何げない会話のなかで矛盾点《むじゅんてん》などがないかチェックします。また、状況《じょうきょう》に応じてポケットやバッグの中の所持品を見せてもらいます。

この職務質問から実際に検挙につながった例も多々あります。たとえば、足元を気にしていたので、靴《くつ》を脱《ぬ》いでもらって確認すると、その中に違法《いほう》薬物を隠《かく》し持《も》っていたというケース。刃物《はもの》を持っていたのでその理由を聞くと「人を刺すつもりだった」と答えた人もいました。このように職務質問は犯罪を未然に防ぎ、犯人逮捕《たいほ》につながる、地域警察官のもっとも有効な武器のひとつなのです。

そのほか、防犯活動の一環《いっかん》として、担当区域の民家や会社を訪問する巡回連絡《じゅんかいれんらく》も行っています。訪問先では、近隣《きんりん》で多発している盗《とう》難《なん》や特殊詐欺《とくしゅさぎ》などの注意喚起《かんき》をしたり、防災情報のお知らせや、住民から困りごとや要望を聞いたりします。これが隠《かく》れた犯罪の掘《ほ》り起《お》こしや犯人検挙につながるケースも多いのです。住民から「こうやっておまわりさんが来てくれるだけで安心するよ」と言われるとすごくうれしいですね。

金町駅北口交番。東京都の東北端、葛飾区の北半分を占める地域が亀有警察署の管轄

事件・事故発生時の臨場

110番通報を受けて現場に駆《か》けつけることを「臨場《りんじょう》」といいますが、誰《だれ》よりも先に臨場するのも私たち地域警察官です。事件・事故発生時の初動警察活動は事件の解決を左右するとても重要な任務なので責任重大です。

110番通報は毎日ひっきりなしに入るので、一日に何十件も臨場します。多いのが騒《そう》音《おん》の苦情、駐車《ちゅうしゃ》違反《いはん》、喧嘩《けんか》など。飲食店から酔《よ》っ払《ぱら》いに関する通報で現場に臨場することもよくありますが、酔《よ》っ払《ぱら》いは暴れたり、寝《ね》ていると思っても急に起き上がっていきなり殴《なぐ》りかかってきたりする時もあるので対応が難しく、気を引《ひ》き締《し》めて当たらなければなりません。また、飲食店に法外な料金を請求《せいきゅう》されたという通報もあります。

深夜に警備会社からの緊急《きんきゅう》通報で臨場することもあります。空《あ》き巣《す》や不法侵入《しんにゅう》の可能性があるので、建物を取り囲んでから中を検索《けんさく》します。交通事故にも臨場して、負傷者の救護、交通整理、実況《じっきょう》見分や事情聴取《ちょうしゅ》などを行います。

事件の場合、真っ先に臨場すると、まず証《しょう》拠《こ》などを保存するために黄色いテープで規制線を張って現場保存をします。その後、現場にいる通報者や被害者《ひがいしゃ》からどういうことが起きたのか事情を聞き取ります。けがをしている人がいたら救護措置《そち》を実施《じっし》。その後、捜査《そうさ》幹部が到着したら、確認した状況《じょうきょう》を伝えます。その後は規制線の前に立って無関係の第三者の立ち入りを規制したり、刑事から指示を受けて、証拠《しょうこ》保全、書類作成などを行います。

これまででいちばん印象に残っているのは、卒業配置して9カ月経ったころに臨場した、都内の主要幹線道路での交通人身事故。事故現場は片側4車線の、交通量が多い大きな交差点だったので、まずは関係者と自分自身の安全を確保しつつ、負傷者を救護し、この状《じょう》況《きょう》が原因で起こる二次的な事故を防ぐため交通規制もしなければなりません。やるべきことが多くても、大人数なら役割分担して処理できますが、最初に臨場するのは1、2名の地域警察官なので、応援《おうえん》が来るまですべてをその人数で対応しなければなりません。それがすごく大変でした。

その後、駆《か》けつけた交通課の警察官と協力し、パトカーを使って交通規制を行い、事故車両の移動や実況《じっきょう》見分を実施《じっし》。結果として無事に事故処理も終わり、二次被害《ひがい》も起こさずにすんだので、最初に臨場して行った判断と

「交番勤務で住民のみなさんと接する時はていねいに笑顔で、を心がけます」

行動は正しかったと思います。この経験で自信もつき、事故の当事者から「ありがとう」と感謝の言葉もいただいたので、難しい現場だったけれど無事やり終えてよかったと思いました。

交番勤務以外では、心身を鍛《きた》える術科という訓練も重要な仕事の一つ。柔道《じゅうどう》・剣道《けんどう》・合気道のうち私は剣道《けんどう》を選んで毎朝稽古《けいこ》にはげんでいます。定期的に逮捕術《たいほじゅつ》や拳銃射撃《けんじゅうしゃげき》の訓練もあり、いざという時のために真剣《しんけん》に取り組んでいます。

ある日の勤務

私たち地域警察官の勤務は4交替《こうたい》制で24時間、管轄《かんかつ》地域の安全を守っています。毎日の勤務表で担当する業務は決められていますが、110番通報が入れば何をしていても現場に急行します。日々何かしらの通報が入るので、勤務計画通りというわけにはいきません。

ある日の一日の流れを簡単にご紹介《しょうかい》しましょう。7時に亀有警察署に出勤。仕事の準備をして7時30分から8時まで署内にある道場で剣道《けんどう》の術科訓練。制服に着替《きが》えて8時30分に係長から指示を受けます。9時30分に金町駅北口交番に移動し、勤務開始。交番に来る人の対応、パトロール、巡回連絡《じゅんかいれんらく》、110番臨場などを行います。12時から昼食、休憩《きゅうけい》。13時から勤務再開。16時30分、夜勤の警察官と交代して、16時45分ごろ、帰署。指示連絡《れんらく》や事務作業などを行い、17時15分、退署。18時、寮《りょう》に帰宅。夕食を食べたり、トレーニングを行ったり、という感じです。

住民からの期待を常に意識

交番勤務の警察官は住民といちばん距離《きょり》が近いので、管轄《かんかつ》地域の住民の意見や要望を常に考えて行動することが重要です。私は住民と接する時は、ていねいに話すように心がけています。いろいろな話をして、最後は「このあたりは自転車盗難《とうなん》が多いから鍵《かぎ》をかけてくださいね」とか「特殊詐欺《とくしゅさぎ》が多いから気をつけてくださいね」などと防犯のひと言を伝えて会話を終えるようにしています。

最終的には「あのおまわりさん、いい人でよかったな」と好印象をもってもらえると、事件や事故が起こった時にすぐ通報してくれたり、目撃者《もくげきしゃ》として協力を得やすくなるという面もあります。

心が折れそうになったことも

この仕事のいちばん難しい点は、いつ何が起こるかわからないということです。たとえば、事件・事故の目撃者《もくげきしゃ》からの110番通報の内容と、実際に臨場してわかったことがぜんぜん違《ちが》うこともよくあります。そもそも一つとして同じ事件・事故はないので、その場で臨機応変に対応しなければならないのが難しいですね。

最初のころは、心が折れそうになったこともあります。卒業配置まもないころ、交通事故処理を一生懸命《いっしょうけんめい》にしたつもりだったのですが、事故の当事者から厳しく非難されてしまって。その時はひどく落《お》ち込《こ》みました。でも同じ寮《りょう》で暮《く》らす同期や先輩《せんぱい》が支えてくれたので折れずにすんだのです。警察学校時代もそうでしたが、この仕事は仲間の存在がものすごく大きな支えになっています。

人びとの安全・安心を守るために

つらいことや苦しいこともありますが、本気で辞めたいと思ったことは一度もありません。なぜなら社会正義の実現や地域住民の安全・安心を守るという強い使命感があるからです。そう思えるのは、犯罪の被害者《ひがいしゃ》を現実に目《ま》の当たりにしているからです。実際に被《ひ》害《がい》にあったらとても怖いし、嫌《いや》な思いをします。そのような被害者《ひがいしゃ》を直接間近で見て接しているからこそ、犯罪は絶対に許してはいけないと強く思うのです。

この仕事の最大のやりがいは、110番臨場で地域住民のもとに駆《か》けつけて、一つひとつの事案を解決した時の感謝の言葉です。ま

た、住民のSOSに応えたいと一生懸命《いっしょうけんめい》に取り組んでいますので、たとえ感謝されなくて

今日も地域の安全・安心を守る佐藤さん

も、自分なりに「仕事をやりきったな。ちゃんと解決できてよかったな」と思えればそれがやりがいになります。

将来は地域住民の安全・安心な暮《く》らしを守るため、テロなどの犯罪を未然に防ぐ警備の仕事がしたいと考えています。

警察官は厳しい仕事ではありますが、地域住民のために働きたいという思いがいちばん大切で、これがあれば、体力に自信がないという人もだいじょうぶ。警察学校で鍛《きた》えられますし、警察のなかにはいろいろな職種があります。たとえばサイバー犯罪を取締《とりしま》る警察官は体力よりもIT（インフォメーション・テクノロジー）に強いことが大きな武器になります。一芸に秀《ひい》でていることを活かしている警察官もたくさんいるので、ぜひ挑戦《ちょうせん》してほしいですね。

ドキュメント 2 白バイでパトロールに当たる警察官

交通事故の減少のため 命懸けで任務に当たる

警視庁《けいしちょう》 第一交通機動隊《だいいちこうつうきどうたい》
白バイ隊員
川浦裕樹《かわうらひろき》さん

川浦さんの歩んだ道のり

1985年栃木《とちぎ》県出身。2008年に警視庁入庁。3年間の調布《ちょうふ》警察署地域課勤務を経て、白バイ隊員として第五方面交通機動隊に配属。4年間訓練を積み、全国白バイ安全運転競技大会で準優勝。翌年、箱根《はこね》駅伝の先行を務める。その後、警視庁交通部駐車《ちゅうしゃ》対策課、赤坂《あかさか》警察署地域課、同署交通課を経て、第一交通機動隊に配属。白バイ隊員として交通違反《いはん》の取締《とりしま》りに尽力《じんりょく》。

交通違反《いはん》の指導取締《とりしま》り活動に尽力《じんりょく》

警視庁第一交通機動隊で白バイ隊員として働いています。最大の使命は交通事故の減少。そのために、交通違反《いはん》の指導取締《とりしま》り活動を主にさまざまな業務を遂行《すいこう》しています。

毎日、管轄《かんかつ》エリアのパトロールを行い、スピード違反《いはん》・信号無視・無免許《むめんきょ》運転・飲酒運転などの交通違反《いはん》をはじめ、暴走族やあおり運転などの悪質性、危険性の高い交通違反《いはん》の取締《とりしま》りも行っています。

こうした取締《とりしま》りは、交通事故の発生状況《じょうきょう》の分析《ぶんせき》に基づき、交通量の多い道路、違反《いはん》や事故が多発する交差点などで行いますが、近《きん》隣《りん》住民からの要望が多く寄せられる場所でも行っています。

パトロール中に交通違反《いはん》車両を発見したら、白バイの赤色灯を点灯し、サイレンを鳴らして追跡《ついせき》しますが、この時、慌《あわ》てたり焦《あせ》ったりせず一呼吸おき、まわりの車が停止したことを確認するなど、安全を必ず確保しています。

交通違反《いはん》を発見したからといって、即追跡《そくついせき》を開始すると、違反《いはん》車両の急発進や急停車により、他の車両や歩行者を巻《ま》き込《こ》む事故につながる可能性があるからです。白バイが事故の原因になるようなことは絶対にあってはならないので、安全第一を心がけています。

交通違反《いはん》をした車両には、車載《しゃさい》マイクを使って運転手に安全な場所にゆっくり停止するように呼びかけ、停止したら、まず運転者に交通違反《いはん》の内容と危険性について説明します。特に動揺《どうよう》している運転者には、穏《おだ》やかでていねいな語り口で話しかけるように心がけています。

また、違反《いはん》をまったく認めようとしない人や取締《とりしま》りに対する怒《いか》りで感情的な言葉遣《づか》いで反論してくる人に対しては、どうすれば安全運転の大切さをわかっていただけるかをその都度、冷静になって考え、まず相手の怒《いか》りを受け止めるようにしています。

そして、ていねいに「このような取締《とりしま》りをしているのは、あなたが交通事故を起こすのを防ぎ、悲しい思いをする人を減らすためなんです」と話すと、しだいに落ち着いてきて、こちらの説明を聞いてくれるようになり、多くの運転者が納得します。

そして、はじめは怒《おこ》っていた運転者から「今後は交通法規を守って安全運転に努めます」と言ってもらえた時には、この仕事をやっていてほんとうに良かったなと感じるのです。

一日の仕事の流れ

ここで白バイ隊員の一日の仕事の流れを紹《しょう》介《かい》します。現在の私の勤務は日勤→当番→非番→週休という4部制ですが、日勤では、走行距離《きょり》にして30～50キロほど白バイに乗務してパトロールをしています。午前8時に第一交通機動隊に出勤。乗車服に着替《きが》えた後、白バイの点検や装備品《そうびひん》の確認などを行います。

パトロールで街に出ると、幼稚園児《ようちえんじ》たちが目の前の横断歩道を渡《わた》りながら手を振《ふ》ってくれることもよくあります。だらしない格好や行いはできません。見られているからこそ身だしなみはもちろん、白バイも毎日ピカピカになるまでみがくなど、整備を欠かしません。

出勤すると上司からの指示連絡《れんらく》を受けた後、準備運動や慣熟走行を行い、パトロールに出発します。

午後にいったん、隊に戻《もど》って昼食と休憩《きゅうけい》を取った後、再び交通指導取締《とりしま》り活動を行います。

夕方、隊に戻《もど》って事務作業を行い勤務終了《しゅうりょう》となります。午後7時ごろに帰宅し、夕食・入浴の後、午後9時ごろには就寝《しゅうしん》します。

いろいろな任務に従事

白バイ隊員には取締《とりしま》り以外にもさまざまな仕事があります。たとえば、事故発生時の交通整理や重要事件発生時の緊急《きんきゅう》配備、国内外の要人が乗った車の警護・警備。また、箱根駅伝や東京マラソンなどの大規模イベント時の先導や、特別な交通規制実施《じっし》時における車両通行止めなどの交通対策も重要な仕事です。

そのほかには、地域の保育園や幼稚園《ようちえん》、小学

白バイ。赤色灯が車体の前方に2つ、後方に1つ装備されている

交通違反の取締りのほかにもさまざまな仕事がある

校における交通安全教室で、小さな子どもに交通ルールを守ることの大切さを伝えるのも重要な仕事の一つです。

指導員として、将来白バイ隊員をめざす若手警察官の指導・育成にも当っています。かつては私自身もこの講習で白バイの基本を学んだので、先輩方《せんぱいがた》から教わった基本を後輩《こうはい》たちに伝えたいという思いで取り組んでいます。

これら以外にも重要な仕事の一つとして日々の訓練があります。私たちが日々乗っている白バイは排気量《はいきりょう》１３００cc、重量は３００キログラムもありますので、正式に白バイ隊員になってからも継続的《けいぞくてき》な訓練は欠かせません。今も必ず月１回、白バイ訓練所などで運転技術にみがきをかけています。

つらくてもがんばれる理由

白バイに乗務して日々任務に当たるというのは、命の危険をともなう仕事であり、いろいろつらいこともあります。たとえば単純に体力面。特に真夏は体感気温がゆうに40度を超《こ》えます。もちろん水分補給や休憩《きゅうけい》は適宜《てきぎ》とりますが、体力を奪《うば》われ、一日のパトロールを終えて隊に戻《もど》ると、ぐったりしてしまいます。冬は冬で早朝は気温0度近くなるので、寒さが身に染みます。

　このように白バイの仕事は危険で過酷《かこく》な仕事なのですが、それでも私がこの仕事を続けていく大きな理由の一つは、使命感です。

　交通死亡事故の遺族はある日突然《とつぜん》、大切な家族の命を奪《うば》われて悲しみのどん底に突《つ》き落《お》とされます。また、加害者も重い刑罰《けいばつ》が科され、社会的な制裁も受けることとなり、それまでの生活が一変してしまいます。さらにその家族にも同様の苦しみを味あわせることになってしまいます。私は多くの人びとを不幸にさせる交通事故を一件でも減らしたいし、そのような仕事に従事できることを誇《ほこ》りに思っているのです。

　もう一つは都民からの感謝の声。近隣《きんりん》住民からの要望に応えて現場で取締《とりしま》りを行った時などは、「困っていたことを解決してくれてありがとう」とよく言われるんです。このような声はうれしいですし、大きなやりがいも感じるので、仕事を一生懸命《いっしょうけんめい》続ける原動力となっています。そして何より、毎日、帰宅すると、笑顔《えがお》で迎《むか》え入《い》れてくれる子どもたち

常に運転技術にみがきをかける

の姿が、私の日々の活力になっています。

白バイ隊員になるまでの道のり

私が本格的に白バイ隊員を志すようになったのは大学3年生のころです。就職活動が始まって将来のことを真剣《しんけん》に考えるようになった時、子どものころからの夢《ゆめ》である白バイ隊員になりたいという思いが強くなったのです。

私が生まれ育った地元は、都市部に比べ白バイを見る機会が少なかったこともあってか、幼いころから白バイを見かけると「かっこいい！」と興奮し、ずっと白バイに対してあこがれを抱《いだ》いていました。

白バイ隊員になろうと決めてからは、警察官になるため猛勉強《もうべんきょう》を開始しました。

先に警察官になった大学の先輩《せんぱい》からは、採用試験に向けた勉強方法や、白バイ隊員になるにはいずれ大型自動二輪の免許《めんきょ》も必要になるということを教えてもらいました。

晴れて警視庁の警察官採用試験に合格して警察官として働き始めると、ブルーの乗車服に身を包み、毎日交通指導取締《とりしま》りに向かう先輩《せんぱい》の白バイ隊員の方たちを見るようになり、「私も早く先輩《せんぱい》のような白バイ隊員になって活躍《かつやく》したい」という夢《ゆめ》がますますふくらんでいきました。しかし白バイ隊員は、競争倍率が高く、あこがれる警察官がとても多い花形職種です。

白バイ隊員になるためには、まず難関の「白バイ乗務員養成講習」を受講しなければなりませんが、そのためには大型自動二輪免《めん》許《きょ》の取得や、所属する警察署長の推薦《すいせん》が必要不可欠です。私は当時配属されていた調布警察署で、上司に白バイ隊員になりたいことを

白バイ乗務はあこがれでしたと笑顔の川浦さん

伝え、日々の交番勤務に一生懸命《いっしょうけんめい》取り組み汗《あせ》を流しました。そのかいあって警察署長の推《すい》薦《せん》をいただくことができ、書類審査《しんさ》や面接、体力測定などを経て、白バイ乗務員としての第一歩を踏《ふ》み出《だ》すこととなったのです。

白バイ乗務員養成講習に行くと、白バイ訓練所で同じ志をもった仲間と2カ月間の厳しい訓練が始まります。体力錬成、白バイの実技訓練、道路交通法なども勉強します。

そして最後に、白バイ隊員として十分な適性・スキルを習得できたかを見極められる検定を受けます。スラロームや急制動などの決められた課題を白バイで走行するのですが、転倒《てんとう》などのミスは厳しい評価となるので、絶対に許されません。重いプレッシャーを感じながらの検定でしたが、何とかミスなく走り終えて合格することができました。

私の場合は講習修了《しゅうりょう》直後に、第五方面交通機動隊（現第三交通機動隊）へ配属が決まり、そこで念願の白バイ乗務が本格的にスタートすることとなったのですが、子どものころからの夢《ゆめ》が叶《かな》ったわけですから、ものすごくうれしかった反面、それと同じくらい緊張《きんちょう》もしました。自分が多くの人から注目される立場になったので、そのイメージを壊《こわ》すようなことをしてはいけないと身も心も引《ひ》き締《し》まる思いでした。

はじめて白バイでパトロールに出動した時は、とても緊張《きんちょう》したのを覚えています。それまでの厳しい訓練によって白バイを手足のように操れるようになってはいましたが、訓練と現場での交通指導取締《とりしま》り活動はまったく別ものだからです。実際に白バイでパトロールをするようになってからの最初の半年間は、先輩《せんぱい》の指導員について仕事を教えてもらい、そうした上司や先輩《せんぱい》の指導のおかげで、ようやく単独で白バイに乗って街頭活動ができるようになりました。

白バイの全国大会で準優勝

これまでの白バイ人生でもっとも忘れられない思い出の一つが、全国白バイ安全運転競技大会での準優勝です。

この大会は、全国の白バイ乗務員の運転技能の向上や、受傷事故の絶無、士気の高揚《こうよう》を図るために開催《かいさい》されているもので、毎年全国の都道府県警察および皇宮警察から２００人前後の白バイ隊員が参加しています。

私は、第五方面交通機動隊に在籍《ざいせき》していた当時の４年間、この大会の強化選手、いわゆる「白バイ本部特練員」として、白バイの運転スキルをより高めるため、きわめて厳しい訓練を重ねました。その結果、当大会に警視庁の代表として出場し、準優勝を果たすことができたのです。仲間とともに切磋琢磨《せっさたくま》し、厳しい訓練を乗《の》り越《こ》えて見た景色は生涯《しょうがい》忘れることはないでしょう。惜《お》しくも優勝とはなりませんでしたが、大きな成果を上げられたことで、このうえない達成感と感動を味わうことができ、仲間との絆《きずな》も深まりました。

「大会で大きな成果を上げ箱根駅伝の先行も担いました」

そして、こうした日頃《ひごろ》の努力が認められ、箱根駅伝の先行に2度選ばれたことも深く印象に残っています。箱根駅伝は子どものころから毎年テレビで観戦していたのですが、ランナーを先行する白バイを見てかっこいいなあとあこがれていました。その重要な任務を任されたわけですので、感無量でした。

これからの10年を見据《みす》えて

現在、警視庁の交通機動隊は、再編されて新たな体制でスタートしています。これまでの10年で交通機動隊の役割も警察署の支援《しえん》や交通規制など、かなり多岐《たき》にわたるようになり、活躍《かつやく》の場が増えたと実感しています。

そして今、交通を取り巻く環境《かんきょう》はめまぐる

しく変化しています。電動キックボードのような新しい乗り物も登場していますし、やがては自動運転の車両が街を走ることもめずらしくなくなるでしょう。環境《かんきょう》の変化に応じて私も研鑽《けんさん》を続け、常に新しいことにチャレンジしていかなければならないと感じています。

しかし、時代がどんなに変わろうとも、交通安全が都民にとってもっとも身近で重要な課題であることには違《ちが》いがありません。悲惨《ひさん》な交通事故を一件でも減らして「世界一の交通安全都市ＴＯＫＹＯ」を実現していきたい。こうした使命感と誇りをもって、これからも、どんなにつらいことがあっても、この仕事を続けていく覚悟です。

私にとって究極の目標は交通事故の絶無です。これは白バイに乗っていてもいなくても変わりません。最終的に白バイを降りたとしても、交通警察の業務にたずさわりたいので、将来は交通機動隊の隊長になって部隊を動かし、交通安全を守っていきたいと思っています。そのために今は昇任《しょうにん》試験合格に向けた勉強もしています。

自分の可能性を信じて挑戦《ちょうせん》してほしい

先ほど白バイ本部特練での話をしましたが、私は、最初から全国大会で上位入賞をしたくて白バイ隊員をめざしたわけではありませんでしたし、そもそも、その大会の存在すら知りませんでした。

それなのに厳しい訓練を行う白バイ本部特練へ入ることを決めたのは、先輩《せんぱい》から言われたひと言がきっかけでした。「誰《だれ》にでも、はじめてはある。失敗を恐《おそ》れずに挑戦《ちょうせん》することが大事。今しか挑戦《ちょうせん》できないぞ」と声をかけ

首都を守る仕事に誇りをもつ川浦さん

られ背中を押《お》されたことで迷いを捨て決心できたのです。

　あの時の言葉がなければ全国大会での準優勝も箱根駅伝での先行も、今の私もなかったでしょう。だから読者のみなさんも積極的に自分の可能性を信じて何ごとにも失敗を恐《おそ》れずチャレンジしてほしいと思います。これから本気で白バイ隊員になると決めている人は、部活などで体力・筋力・持久力をつけたり、バイクに乗る経験を積んだり、大型自動二輪免許の取得をお勧《すす》めします。

　少しでも白バイ隊員に興味のある人、都民・国民のために働きたい人、交通事故で悲しむ人を一人でも減らしたい人はぜひめざしてほしいです。そして私といっしょに首都の交通安全を守っていきましょう。

ドキュメント 3 住民の生活の安全を守る警察官

身近な犯罪の取締りや防犯、人びとの困りごと全般に対処

千葉《ち ば》県《けん》警察《けいさつ》 野田《の だ》警察署《けいさつしょ》
生活安全課《せいかつあんぜんか》
雨宮《あまみや》汐里《しおり》さん

雨宮さんの歩んだ道のり

1994年東京都生まれ。2013年10月、千葉県警察官を拝命。警察学校で10カ月の訓練を受けた後、松戸《まつど》警察署地域課に配属、北松戸交番に勤務。その後、富津《ふっつ》警察署生活安全課少年係、千葉県警察本部生活安全部サイバー犯罪対策課、野田警察署地域課移動交番、生活安全課生活安全係を経て、2022年4月から少年係に。

女性を犯罪から守りたい

警察官になると決めたのは中学1年生の時。テレビドラマ『相棒』を見て、刑事《けいじ》にあこがれを抱《いだ》いたのがきっかけです。特に女性被害《ひがい》者《しゃ》のために懸命《けんめい》に捜査《そうさ》して犯人を逮捕《たいほ》する刑《けい》事《じ》がかっこいいと思い、私も女性を犯罪から守る警察官をめざすことにしました。そのため、高校から地元の護身術クラブに入って護身術を習いました。実戦的な技を教えてくれたので、今でも役に立っています。

私が現在勤務している生活安全課の使命は、住民が安全に安心して暮《く》らせる社会を実現することです。そのために、地域住民の生活に直接影響《えいきょう》をおよぼす身近な犯罪の取締《とりしま》りを行ったり、住民が犯罪の被害《ひがい》に遭《あ》わないための各種防犯活動に尽力《じんりょく》したりしています。加えて、日常生活のなかで困りごとをかかえた住民から寄せられる相談に対応しています。

このように生活安全課は生活全般《ぜんぱん》にかかわる問題に対処するので、いろいろな係があります。生活安全相談や防犯活動といった身近なことから、風俗・少年・経済・サイバー・環境《かんきょう》などの犯罪捜査《そうさ》まで幅広《はばひろ》い活動を展開しています。

私は少年が関与《かんよ》する犯罪や、児童買春など少年が被害者《ひがいしゃ》となる犯罪を取《と》り扱《あつか》う少年係に所属しています。主に少年事件と児童虐待《ぎゃくたい》事案を担当して、早期解決のため捜査《そうさ》活動を行っています。

たとえば、少年が加害者の事件であれば、関係者への聞《き》き込《こ》みや当事者の少年や保護者への取調べなどの捜査《そうさ》を行います。少年はすぐに記憶《きおく》が曖昧《あいまい》になってしまうことが多いの

生活全般の幅広い事案を扱う

で、事件が発生したらなるべく早い段階で話を聞くようにしています。

街頭での補導活動も重要な仕事の一つです。特に夏休みなど学校が長期休みのあいだに、夜間、地域のボランティアさんといっしょにゲームセンターや繁華街《はんかがい》などをパトロールして少年がいたら補導します。また、夜間、地域住民から少年が集まっているという通報を受けたらその場所に行って、注意したり帰宅をうながしたり、補導したりします。

児童買春など、少年が被害者《ひがいしゃ》になる事件は、サイバーパトロール（インターネット上の違《い》法《ほう》で有害なサイトや書きこみをチェックする）や、被害《ひがい》児童や保護者からの相談を受けて捜査《そうさ》します。

非行少年の更生《こうせい》、立ち直り支援《しえん》は、以前勤務していた警察署の生活安全課でも行っていました。たとえば、忍耐力《にんたいりょく》を養うため、いっしょに登山やお寺での座禅《ざぜん》を体験しました。

児童虐待《ぎゃくたい》の場合

児童虐待《ぎゃくたい》は、近所の人から「あの家から子どもの泣き声がする」といった通報を受けて現場に急行することが多いです。最近は社会が児童虐待《ぎゃくたい》に敏感《びんかん》になっているので、通報も増えています。

現場では子どもや保護者に虐待《ぎゃくたい》の事実の有無を確認するのですが、子どもは保護者の前では本当のことは言えないケースが多くあります。そのため、保護者と子どもを離《はな》して、虐待《ぎゃくたい》されていないか子どもだけに直接話を聞きます。あとは体にけががないかを確認したり、学校に行って教師から話を聞いたりもします。叩《たた》いたり蹴《け》ったりの身体的虐待《ぎゃくたい》なら発見しやすいのですが、夫婦喧嘩《げんか》やDVの現場を子どもが見ることで心が傷つく心理的虐待《ぎゃくたい》も多いので慎重《しんちょう》な対応が必要です。

日頃《ひごろ》の訓練も重要

事件対応などで忙《いそが》しい日々ですが、時に危険な現場で対応する警察官にとって、日々の訓練は欠かせません。月に1回以上、柔道《じゅうどう》や逮捕術《たいほじゅつ》の稽古《けいこ》に参加しています。野田署は女性警察官が多いので、女性のための術科訓練の日があり、参加しやすいです。

また、拳銃《けんじゅう》の訓練も実施《じっし》しています。実際に現場で拳銃《けんじゅう》を使用したことはないのですが、身の危険を感じたことは何度かあります。警察の仕事は、いつどのような現場に向かうことになるかわかりません。いざという時のために、正確に判断・実行できるように、日頃《ひごろ》の訓練は非常に重要なのです。

また、特に生活安全課が多く扱《あつか》うのは生活に密着した事件なので、幅広《はばひろ》い法律の知識が必要不可欠です。法律も毎年のように変わるので、知識をアップデートするため休日に法律関係の本を読むなど、法律の勉強もしています。

一日のスケジュール

出勤は基本的に月曜日から金曜日、勤務時間は8時30分から17時15分までで、土日祝日が休みです。これに月に何度か24時間の当直勤務があるのですが、土日に入ることもあります。日によって違《ちが》いますが、簡単にある一日のスケジュールを紹介《しょうかい》しましょう。

5時に起床《きしょう》、身支度を調えて、野田警察署に出勤します。そこでメールチェックや前日の夜に市民から寄せられた相談内容を確認しているうちに始業時間となります。

朝会では幹部から指示を受け、各係の一日の予定を共有します。担当事件の書類作成や防犯カメラの解析《かいせき》、事件書類の確認などを行い、訓練日であれば積極的に術科訓練にも参加します。

お昼休みには自作のお弁当を食べています。午後は児童虐待《ぎゃくたい》の通報があれば臨場し、保護者や子どもから事情聴取《ちょうしゅ》。その後は少年事件の当事者の取調べ、書類作成などを行い、19時に勤務が終了《しゅうりょう》。20時30分に帰宅後は夕食、入浴、ストレッチなどをして、23時に就寝《しゅうしん》。

当直勤務の場合は、日中は同じようなスケジュールで、夜間は繁華街《はんかがい》のパトロールや、補導に出かけ、署で電話対応もします。仮眠《かみん》時間もありますが、その間に通報が入ったら何時だろうと臨場します。翌日の9時30分には勤務が終了《しゅうりょう》となり、帰宅します。

若さを逆手に

少年事件では保護者の協力も必要不可欠なので、保護者への対応の仕方が重要です。警察官として言うべきことは言うというのは大前提ですが、私はまだ独身の20代で、ほとんどの親は私より年上ですので、「子どもがいないあなたに何がわかるんだ」などと反発を受けないように、言葉を選びながら、ていねいな態度を心がけています。それでも親御《おやご》さんには、なかなか話を受け入れてもらえないこともあり、対応に苦慮《くりょ》することは少なくありません。

知識や経験は、まだまだ未熟ではありますが、若さは武器でもあると思っていて、少年

少年やその保護者から事実を聞き出し確認

たちのなかには、自分の親よりも年の近い私のほうが話しやすいと感じて、保護者には言えなかった本音を私には打ち明けてくれることもあります。

たとえば親御《おやご》さんに「お子さん、こんなことを言っていましたよ。知っていましたか?」と伝えます。すると親御《おやご》さんも、「知らなかった。そういうふうに思っていたんだ」と子どもの気持ちに気付けたことで、私への不信感もなくなり、それからは積極的に協力していただけるようになるのです。このように警察官が親子のあいだに入って橋渡《はしわた》し役《やく》を担うことによって、親子関係が少しでも良くなればいいなということも考えています。

自分から話させ、寄《よ》り添《そ》う

事件の当事者の少年の取調べに関しては、頭ごなしに厳しい態度で接しても反発して話を聞いてくれません。まずは冷静に自分がやったことや、その理由、言いたいことや思っていることを全部話してねと伝えます。

なかには、取調べを早く終わらせたいからしゃべるのを面倒《めんどう》くさがる少年もいます。こちらから「こうしたんでしょ?」と聞いてしまうと、その場では、「そうです」と答えたとしても、後に、家庭裁判所の審判《しんぱん》になった時に「警察官に『あなたがやったんでしょ?』と言われたから、『そうです』と答えたけれど、本当はやっていません」などと言って、証言を覆《くつがえ》すことがあるのです。そのようなことにならないように、自分から話をさせることを心がけています。

全部話したら、しっかり受け止めて「事情はわかる。でもあなたがやったことは犯罪だからダメだよね。それはわかるでしょ?」と諭《さと》すことが多いですね。もちろん、時には厳しい口調で注意したり叱《しか》ったりもしますが、どんな事件でも少年に寄《よ》り添《そ》うことを心がけています。そうすれば最終的には警察側の思いも伝わり、更生《こうせい》への道を一歩踏《ふ》み出《だ》せると思うので。

連続痴漢犯《ちかんはん》を検挙

ある時、住宅街で夜間帯に痴漢《ちかん》事件が連続して発生しました。被害者《ひがいしゃ》は未成年の女性で、被害届《ひがいとどけ》を受理して周辺の聞《き》き込《こ》みや防犯カメラの映像解析《かいせき》など、捜査《そうさ》を開始しました。その過程で、被害者《ひがいしゃ》の証言と防犯カメラの映像解析《かいせき》で、ある人物が容疑者として捜査線上《そうさせんじょう》に浮上《ふじょう》しました。何日も容疑者の自宅の監視《かんし》や事件発生場所で張《は》り込《こ》みを続けていたところ、

少年と保護者のあいだに入って橋渡しをすることも

ある夜、容疑者が女性を触《さわ》った現場を押さえ、現行犯逮捕《たいほ》に至りました。

犯人は被害者《ひがいしゃ》の近所に住む同年代の男でした。署に連行して取調べを実施《じっし》し、「被害者《ひがいしゃ》はこんな怖《こわ》い思いをした。あなたがやったことは許されることではないから、ちゃんと正直に話してほしい」と伝えたところ、素直にすべて話しました。

犯行理由はストレスが重なったから女性の体を触《さわ》りたくなったというもので、この件のほかにも多数の余罪を自白し、検察庁に書類送致《そうち》しました。

この結果を被害者側《ひがいしゃがわ》にお伝えしたところ、「犯人を捕まえていただきありがとうございました。これで安心して暮《く》らせます」と言っていただきました。このような感謝の言葉や人の役に立てたという実感が仕事のやりがいであり、原動力の一つになっています。

一つとして同じ現場はない

この仕事の難しいところは、一つとして同じ現場はないという点です。一人ひとりからかかえている問題を聞いて、それに対して警察がどう対応し、解決できるのか、その判断が難しいと感じています。

そのようななかで私が大切に思うのは、迅《じん》速《そく》な対応と組織の連携《れんけい》です。幅広《はばひろ》い内容の事案を扱《あつか》うため、はじめて経験する現場も多くあります。緊急《きんきゅう》の判断を迫《せま》られる場面も多いため、現場の状況《じょうきょう》報告は機を逸《いっ》することなく行う必要があります。そのような時は、上司や先輩《せんぱい》から的確な助言をもらって、刑事課《けいじか》などの他部門と連携《れんけい》して解決したケースがいくつもあります。警察の仕事はチームワークが必要不可欠で、困った時はおたがい助け合って事件を解決しています。

また、事件やトラブルは早朝、深夜関係なく発生します。当直勤務中の深夜に通報が入ることもよくあり、何時でもすぐに現場に駆《か》けつけなければならないのが体力的につらいと感じることもあります。

誰《だれ》かがやらなければならないから

これまで、つらいことや苦しいことの連続で心が折れそうになったことは何度もあります。でも最後の最後で折れなかったのは、根本に「人のために働きたい」という強い思いがあるからです。

確かに人びとの安心・安全な暮《く》らしを守り、困っている人を助ける仕事はつらい現場もあり危険もともないます。でも、誰《だれ》かがやらな

同僚と現在担当の事案について認識をすりあわせ他部署とも連携をとる

ければならない仕事です。人は一人では生きられないので、助け合う必要があります。私も人に助けられて生きていますし、人のために自分ができることをしたいと思っています。

人を助けることにやりがいを感じ、自分も幸福感を得られます。だから、どんなにつらくても続けられるのです。

将来は、未成年者が被害《ひがい》に遭《あ》う児童買春を減らすため、千葉県警察本部生活安全部少年課福祉《ふくし》犯捜査班《はんそうさはん》で働きたいと考えています。この先も少年の分野にかかわり、警察官として日々努力して、県民のために一つひとつできることを増やしていきたいです。

やりたい仕事は必ず見つかる

そんな私ですが、最初から生活安全課の仕事をしたかったわけではありません。そもそもは刑事《けいじ》になりたかったので、刑事《けいじ》になるための研修も受けていました。しかし、タイミングが合わず生活安全課に異動となったのです。この時は正直かなり落《お》ち込《こ》みましたね。

関係者への聞き込みのほか、自分のデスクでの事務作業も大切な仕事

「すべての仕事が学びと経験になります」と雨宮さん

でも、半年ほど経ったころにはじめて事件を担当したことが私を変えました。偽《にせ》ブランド品の商品をネットで販売《はんばい》している詐欺《さぎ》事件だったのですが、当時の課長に、捜査《そうさ》や取調べの仕方、注意点を手取り足取り教えてもらいました。そのおかげで、犯人に犯行を自供させることができたのです。この経験で生活安全課の仕事に魅力《みりょく》を感じ、以来自分から積極的に仕事に取り組めるようになりました。

警察にはいろいろな職種・部署があるので、自分の興味があることややりたいことが必ず見つかります。たとえ希望していなかった部署でも経験したからこそやりがいが見つかることもあります。人のために働きたいという思いを抱《いだ》き警察官への一歩を踏《ふ》み出《だ》してみませんか。将来、みなさんと働けることを楽しみにしています。

2章

警察官の世界

警察法に基づいて犯罪から人びとを守る公務員

意義や役割

警察官は、国民の生命・身体・財産を守るため、警察法に基づいて、犯罪の予防・鎮《ちん》圧《あつ》・捜査《そうさ》、被疑者《ひぎしゃ》の逮捕《たいほ》、検挙などを執行《しっこう》する公務員だ。

ひと口に警察官といっても、仕事の職種はみんなが想像する以上にたくさんあり、仕事内容や働く場所は職種によってまったくといっていいほど違《ちが》う。簡単に警察の主な職種について紹介《しょうかい》しよう。

地域警察

地域警察の使命は地域住民の意見・要望に応え、地域の安全な暮《く》らしを守ること。その

小回りのきく自転車で地域をパトロールする地域警察官

ため、昼夜を問わず365日24時間体制でさまざまな活動を行っている。地域警察官は地域住民ともっとも距離《きょり》の近い警察官で、地域住民の安全と安心の拠りどころとなり、国民の身近な不安を解消する機能を果たしている（1章ドキュメント1参照）。

交通警察

交通事故を防止し、安全で快適な交通社会を実現するため、幅広《はばひろ》い活動を行っているのが交通警察だ。各都道府県警察本部の交通部や警察署の交通課に所属する交通機動隊や高速道路交通警察隊が白バイやパトカーで取締《とりしま》りを行っている。具体的には、無免許《むめんきょ》運転、飲酒運転、速度超過《ちょうか》、交差点関連違反《いはん》などの交通事故に直結する悪質性・危険性の高い違《い》

交通の取締りを終えて署へ戻る白バイ隊員

反《はん》や駐車違反《ちゅうしゃいはん》などの迷惑性《めいわくせい》の高い違反《いはん》に重点を置いている（1章ドキュメント2参照）。また、ひき逃《に》げ事件は、交通事故専門の鑑識《かんしき》官《かん》による鑑識《かんしき》や、ドライブレコーダーなどの有効活用により、被疑者《ひぎしゃ》の早期検挙を図っている。そのため、２０２２年中の死亡ひき逃《に》げ事件の検挙率は、ほぼ１００％を誇《ほこ》っている。

生活安全警察

生活安全警察が扱《あつか》う分野は多岐《たき》にわたり、特殊詐欺《とくしゅさぎ》、サイバー犯罪、性犯罪などの各種犯罪から、非行少年の補導、児童買春の防止、ストーカー被害《ひがい》、配偶者《はいぐうしゃ》からの暴力、児童虐《ぎゃく》待《たい》など、子どもや女性、高齢者《こうれいしゃ》をはじめとする地域住民の安全・安心を守っている。さら

困りごとをかかえた住民から寄せられる相談などを取り扱う生活安全課の警察官

に、違法《いほう》営業を行う風俗店の指導・取締《とりしま》りのほか、ゴミの不法投棄《とうき》などの環境《かんきょう》事犯、インターネットを利用した不正アクセス事犯、賭《と》博《ばく》事犯、ヤミ金融《きんゆう》事犯、ストーカー事案、ニセブランド品の製造販売《はんばい》の取締《とりしま》り、痴漢《ちかん》・盗《とう》撮《さつ》事案など、多岐《たき》にわたる捜査《そうさ》活動を行っている。また、電子メールや防犯アプリを活用して、犯罪発生状況《じょうきょう》などの情報を発信している（1章ドキュメント3参照）。

刑事《けいじ》警察

刑事《けいじ》ドラマでよく描《えが》かれている、刑法《けいほう》犯罪に対する捜査《そうさ》を行う。人びとの生命や財産、安全を守るため、さまざまな方法で犯人を検挙する活動を行っている。殺人や強盗《ごうとう》、放火、強姦《ごうかん》などの強行犯、誘拐《ゆうかい》や爆破事件などの特《とく》殊《しゅ》犯《はん》、詐《さ》欺《ぎ》や横領などの知能犯、空《あ》き巣《す》やひったくりなどの窃《せっ》盗《とう》犯《はん》などを捜《そう》査《さ》する。さらに事件発生とともに現場へ出動する機動捜《そう》査《さ》隊《たい》や、暴力団、不良外国人、違《い》法《ほう》薬物・銃《じゅう》器《き》の密輸・密売グループなどの犯罪組織の取《とり》締《しま》り、壊《かい》滅《めつ》をめざす組織犯罪対策部などもある。

刑《けい》事《じ》部《ぶ》（課）のなかに鑑《かん》識《しき》課《か》（係）があり、被《ひ》疑《ぎ》者《しゃ》特定のため、指《し》紋《もん》・足《そく》跡《せき》・DNA資料の採取などの鑑《かん》識《しき》活動によって証《しょう》拠《こ》を集める。刑《けい》事《じ》と鑑《かん》識《しき》係員は通信指令室からの出動指令が入ると事件現場へ急行し、協力して現場検証を行い、被《ひ》害《がい》者《しゃ》や目《もく》撃《げき》者《しゃ》からの事情聴《ちょう》取《しゅ》や、近《きん》隣《りん》住民への聞《き》き込《こ》みを行う（刑《けい》事《じ》の仕事は2章ミニドキュメント1、鑑《かん》識《しき》はミニドキュメント2参照）。

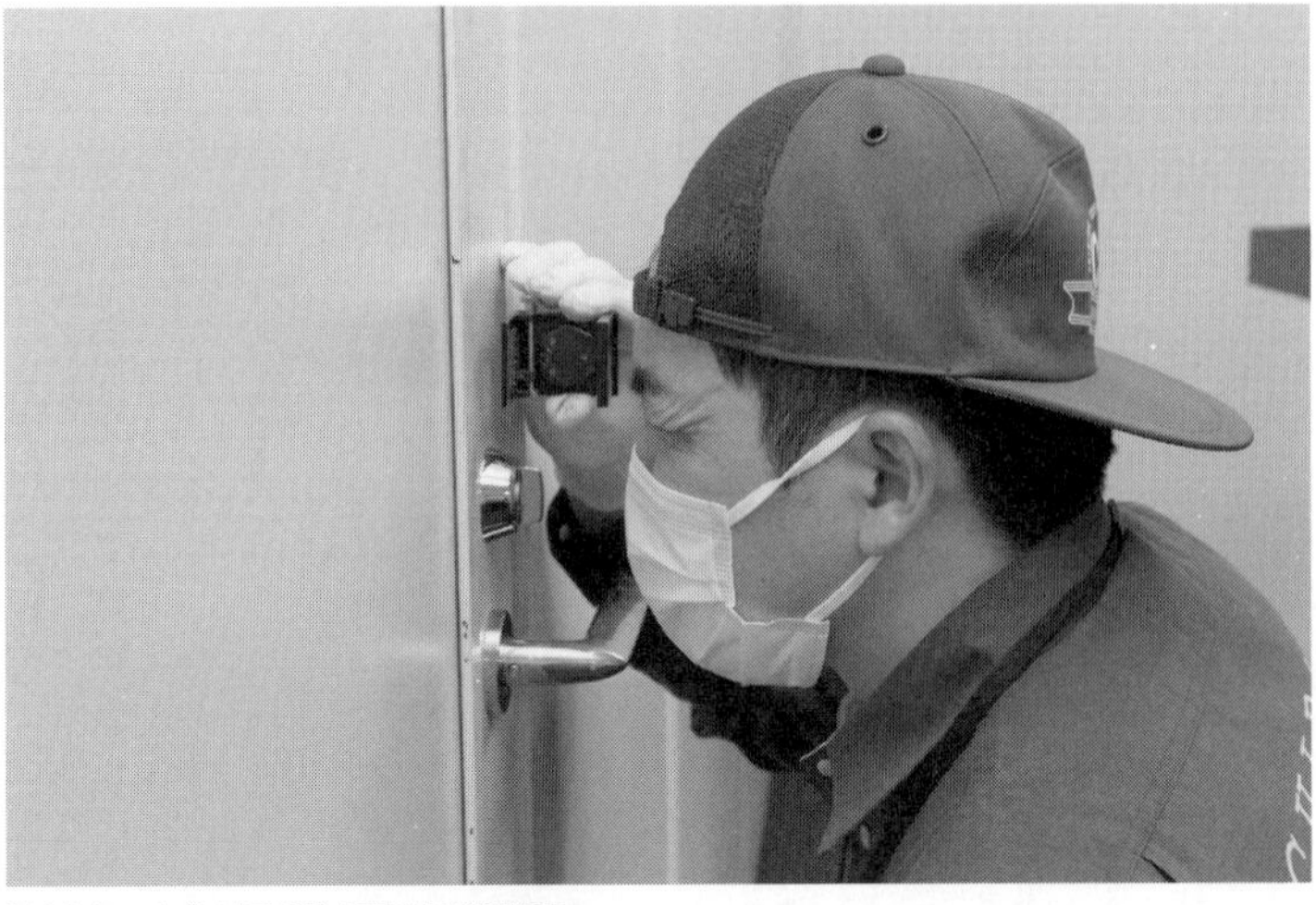

鍵穴やドアノブに残る痕跡を確認する鑑識係員

警備警察

さまざまな警備活動によって事件・事故を未然に防ぐのが警備警察だ。このなかで集団警備力の中核《ちゅうかく》を担うのが機動隊で、市民の暮《く》らしを守るために日々厳しい訓練を行っている。訓練を通して専門技術を身につけた精鋭《せいえい》たちがそれぞれの分野のスペシャリストとして各現場で活躍《かつやく》している。主な分野には、デモの規制や違反行為《いはんこうい》が発生したさいの現場対応などに当たる「治安警備」、花火大会、初詣《はつもうで》、祭礼、イベントなどの混雑する場所に出動し、交通整理などによって事故を防ぐ「雑踏《ざっとう》警備」、天皇をはじめ、皇族や国内要人、国賓《こくひん》・公賓《こうひん》などの身辺の安全を守る「警衛警護」、空港の安全確保や各種テロ警戒《けいかい》を任務

土砂崩れを想定した訓練などを行う災害警備隊員

とする「空港警備」、地震《じしん》や台風などの被災者《ひさいしゃ》の避難誘導《ひなんゆうどう》・救出救助、緊急《きんきゅう》交通路の確保、復興支援《しえん》を担当する「災害警備」などがある（災害救助の仕事は2章ミニドキュメント3参照）。

サイバー警察

近年、インターネットインフラの整備やパソコン、スマホの普及《ふきゅう》により、それらを悪用したサイバー犯罪も急激《きゅうげき》に増加している。全国のサイバー犯罪摘発《てきはつ》件数は、2022年は1万2369件と、前年より160件増加し、過去最多を記録した。特に多いのが、他人のID、パスワードなどを入力することにより、他人のコンピュータに侵入《しんにゅう》する不正アクセス。そのほか、送信者を詐称《さしょう》した電子メールを送りつけたり、偽《にせ》の電子メールから偽《にせ》のホームページに接続させクレジットカード番号、アカウント情報（ユーザID、パスワードなど）といった重要な個人情報を盗《ぬす》み出《だ》すフィッシング詐欺《さぎ》などがある。日々進化、巧《こう》妙化《みょうか》、複雑化するサイバー犯罪を防止、犯人を検挙するためにサイバーパトロールや捜査《そうさ》を行っているのがサイバー犯罪捜査官《そうさかん》だ（2章ミニドキュメント4参照）。

警察学校

警察官を育成するための職業訓練学校。各都道府県警察の採用試験に合格した18歳《さい》から35歳《さい》までの学生が入学し、仲間と寝食《しんしょく》をともにしながら、警察官になるため研鑽《けんさん》を重ねる。警察学校では、現場経験豊富な教官が、警察官として最低限必要な心構え、教養、法的知識や体力を身につけるためのカリキュラムに沿って指導する。勉強や訓練だけではなく、文化系から体育系までさまざまなクラブ活動を楽しむこともできる（3章ミニドキュメント5参照）。

このほかにも警察の仕事はまだまだたくさんある。しかし、仕事の内容は違《ちが》えど、思いは同じ。「街の平和を守りたい」「人の役に立ちたい」「悪は許さない」という確固たる意思だ。この思いさえもっていれば警察官に向いているからぜひめざしてほしい。

千葉県東金市にある千葉県警察学校

警察の歴史

第二次世界大戦の敗戦により民主的な警察に

始まりは江戸時代

日本の警察の始まりは江戸時代にまで遡《さかのぼ》る。当時の警察に相当する組織は、町奉行《まちぶぎょう》や勘《かん》定奉行《じょうぶぎょう》などだ。江戸には南北の町奉行《まちぶぎょう》が、諸国には地名のついた遠国奉行《おんごくぶぎょう》があり、これが現在の警察本部・警察署に、その職員の与力、同心は警察官に相当する。

１８６９年、明治維新《めいじいしん》で江戸幕府が倒《たお》れ、新政府が発足。１８７１年の廃藩置県《はいはんちけん》によって、各藩《かくはん》から選ばれた藩兵《はんへい》が治安維持《いじ》にあたる府兵制度を廃止し、フランススタイルの紺《こん》ラシャ服、帽子《ぼうし》、剣《けん》の代わりに棍棒《こんぼう》を持った３０００名の「邏卒《らそつ》」がその任に当たる邏卒《らそつ》制度を導入。邏卒《らそつ》はポリスの訳語で、後に巡査《じゅんさ》と呼ばれた。これが日本の近代警察の始まりといえる。１８７２年に明治政府は新たに警保寮《けいほりょう》職制を制定。21階級の階級制を導入し、邏卒《らそつ》制度《せいど》をこれに移管。1874年には東京警視庁が設立された。1881年、政府は内務省に警保局を発足させ、東京には内務省直轄《ちょっかつ》の警視庁が生まれた。これにより警察は中央では警保局が、地方では知事によって管理運営されるようになる。明治維新《いしん》以降、日本は富国強兵をスローガンに軍国主義、国家主義体制の道を取ったため、警察制度も国家警察に。内務省警保局直轄《ちょっかつ》の特別高等警察部は当時の天皇制政府に反対する思想や言論、行動の取締《とりしま》りを専門にした秘密警察で、多くの国民が苦しめられた。

大きな転機となったのは1945年の第二次世界大戦での敗戦だ。占領軍《せんりょうぐん》のGHQ（連合国軍最高司令部）は1948年、旧警察法を制定。国家警察を解体し、内務省直轄《ちょっかつ》の警察は国家地方警察本部として独立させた。そして自治体警察が沖縄《おきなわ》県を除く46都道府県に置かれ、新たに国家地方警察と自治体警察の二本柱の警察制度が発足したのである。

1952年、日本が独立・主権回復すると、旧警察法がかかえる問題を根本的に解決すべく、警察制度改革がスタート。1954年に現行の警察法が制定され、従来の二本柱の制度を廃止《はいし》し、新たに警察庁と都道府県警察を発足。現在、日本の警察は、国家公安委員会が警察庁を所管する国家警察と、都道府県公安委員会が都道府県警察本部を所管する地方警察の2階層で構成されている。警察運営の単位が現在の都道府県警察に一元化されたことで、迅速《じんそく》かつスムーズな捜査《そうさ》、事件解決が可能となっている。

国の警察行政機関と都道府県の警察組織の2層構造

国家公安委員会が所管する警察庁

警察の歴史の項目《こうもく》でも少しふれたが、現在の警察の組織は、国の警察行政機関と都道府県の警察組織の2層構造となっている。

国の警察行政機関のトップは内閣総理大臣。その所管の下に国家公安委員会が置かれている。国家公安委員会委員長には、治安に対する内閣の行政責任の明確化を図るため、国務大臣が充《あ》てられている。さらにその下に国家公安委員会が管理する警察庁が設置されている。警察庁は国の行政機関であり、警察制度の企画《きかく》立案のほか、国の公安にかかわる事案についての警察運営、広域組織犯罪に対処するための警察の態勢、統一的な規則や訓令、犯罪統計資料などの提供、警察活動の基盤《きばん》である教育訓練、通信、犯罪鑑識《かんしき》などに関する事務、警察行政に関する調整、都道府県警察の人事や運営の監督《かんとく》などの役割を担っている。警察庁長官は、これらの警察庁の所掌《しょしょう》事務について、国家公安委員会の管理の下、都道府県警察を指揮監督《かんとく》している。警察庁は内閣の一部門で、全国の警察を統括《とうかつ》する中央行政機関なのだ。警察庁には長官官房《かんぼう》と五つの局、三つの部からなる内部部局と三つの附属《ふぞく》機関が置かれている。また、地方機関として六つの管区警察局、一つの警察支局および二つの警察情報通信部がある（図表1）。行政機関である警察庁の警察官はあくまでも行政職員なので、手錠《てじょう》や拳銃《けんじゅう》などは持っていないし、捜査《そうさ》も逮捕《たいほ》もしない。

一元的に警察活動を担う都道府県警察

一方で、都道府県警察は、都道府県公安委員会が管理する、都道府県を単位とした地方行政機関で、警察庁の指導の下、その管轄《かんかつ》区域内での犯罪の防止・捜査《そうさ》・逮捕《たいほ》・摘発《てきはつ》などの任務を担っている（図表2）。都道府県には警察本部、東京都は警視庁が置かれ、その下部組織として警察署が、さらにその下に交番や駐在所《ちゅうざいしょ》が設置されている。ちなみに全国に警察署は1149、交番は6239、駐在所《ちゅうざいしょ》は6026カ所も設置されており（2023年4月1日現在）、事件発生時の迅速《じんそく》な初動対応、犯人検挙に寄与《きよ》している。

道府県警察は道府県警察本部長が、警視庁には警視総監《そうかん》が警察活動全般《ぜんぱん》を統括《とうかつ》している。

国・都道府県ともに合議制の公安委員会が警察を管理する公安委員会制度を導入しているのは、警察行政の民主的運営、政治的中立性を確保するためだ。

東京だけ「警視庁」の理由

なぜ東京の警察本部だけが警視庁で、本部長を警視総監《そうかん》と呼ぶのか。その理由は警察の歴史でも紹介《しょうかい》したが、1847年に国管轄《かんかつ》の警察機関として東京警視庁が設立された。1948年

図表1 国の警察組織

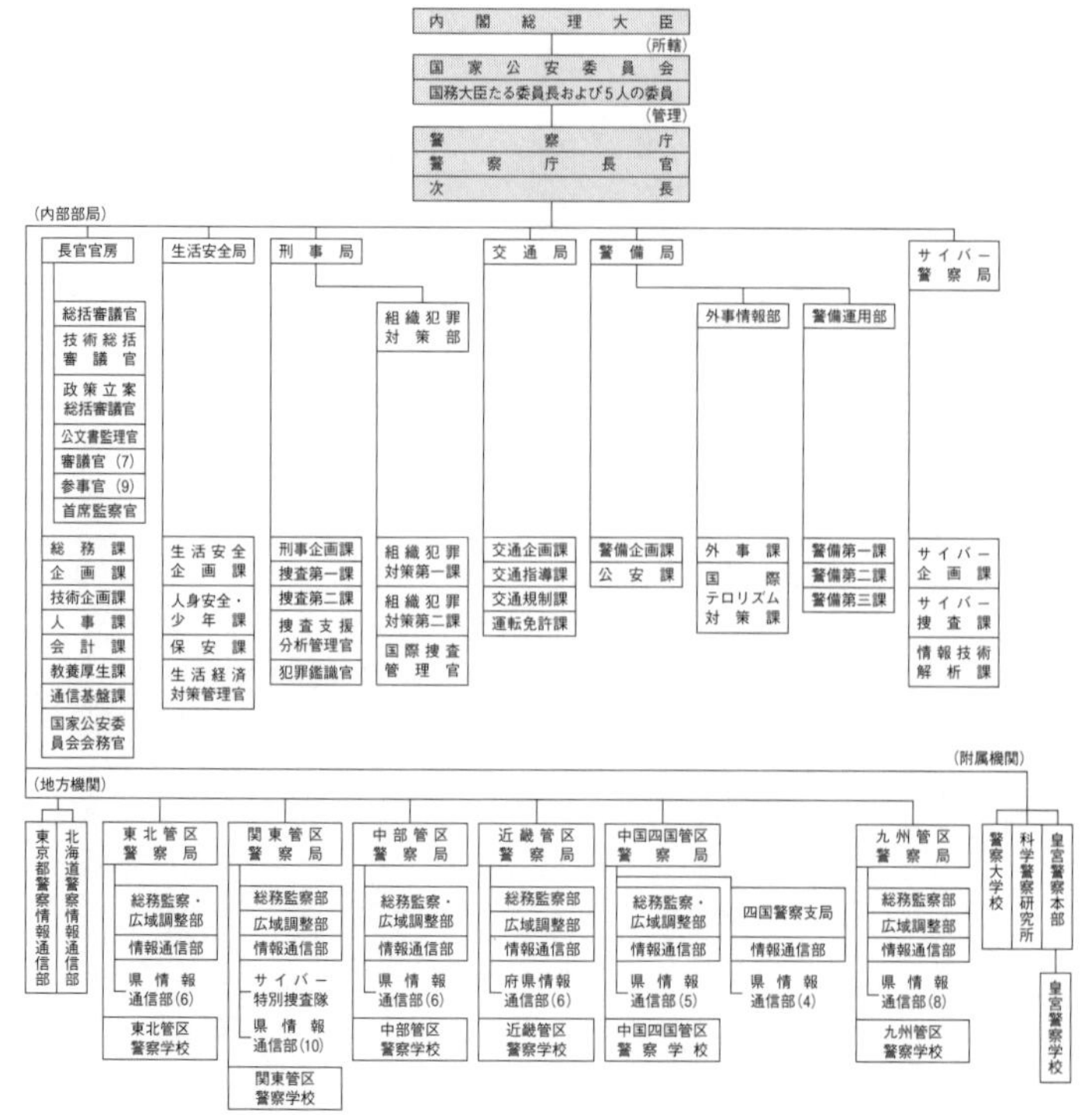

注：令和4年4月から、国家公安委員会の管理の下、警察庁が重大サイバー事案にかかわる犯罪の捜査その他の重大サイバー事案に対処するための警察の活動に関する事務をつかさどることとなり、関東管区警察局に新設されたサイバー特別捜査隊が執行事務を担うこととなった。
出典：警察庁ウェブサイト『令和5年警察白書』

にGHQにより内務省管轄《かんかつ》の警視庁は解体され、他の都道府県と同じく新たに東京都の警察組織が設立されたが、そのさい、警視庁の名前を残したいという意見が多く、現在の名称になっているのだ。

図表2 都道府県の警察組織

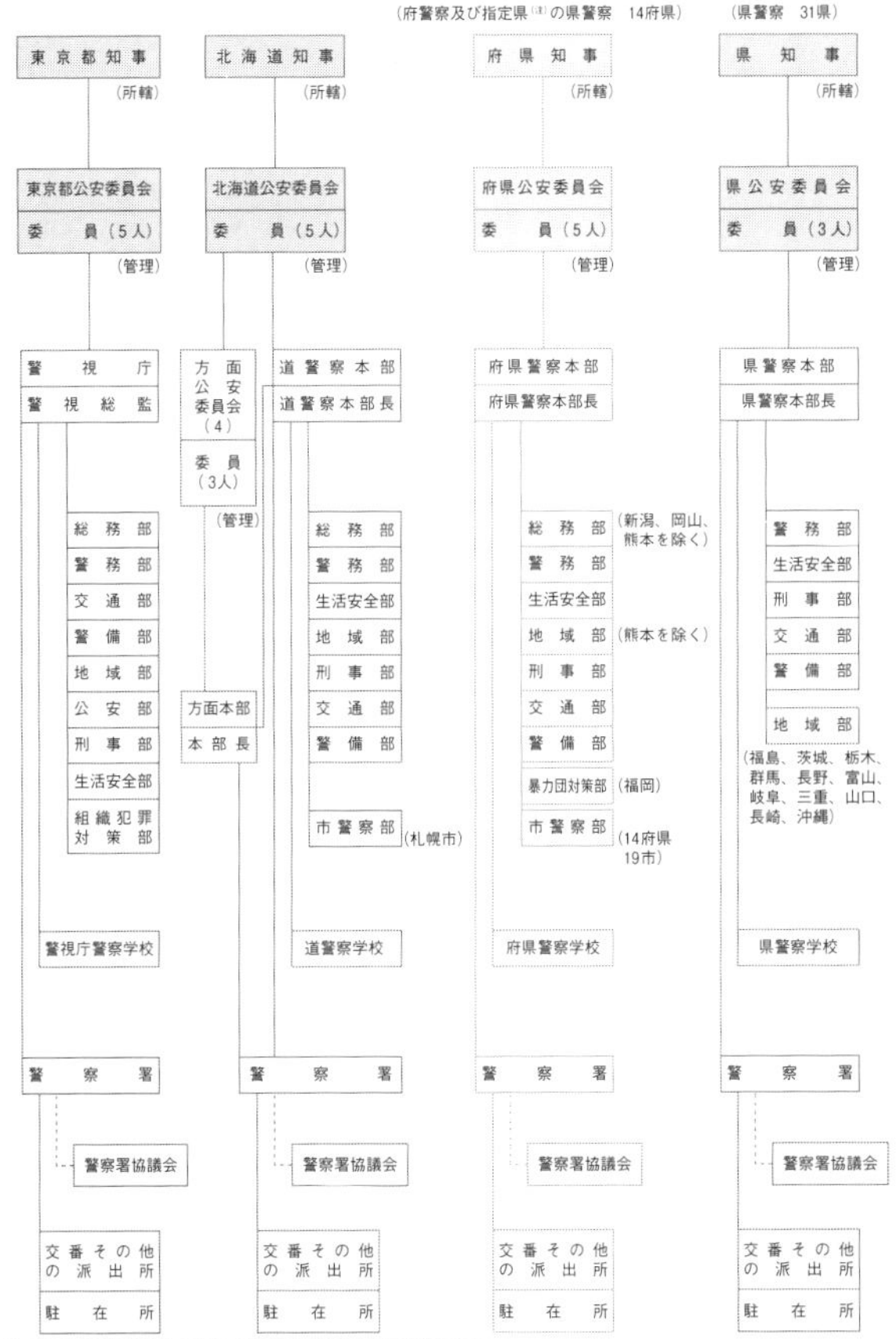

注：地方自治法第252条の19第1項の規定により指定する市を包括する県。
令和5年4月1日現在の指定県は、宮城、埼玉、千葉、神奈川、新潟、静岡、愛知、兵庫、岡山、広島、福岡および熊本である。
出典：警察庁ウェブサイト『令和5年警察白書』

階級や技能

八つに分かれている階級社会 特殊な技能をもつ警察官も

警視正以上は国家公務員

都道府県警察の世界は下から巡査《じゅんさ》・巡査長《じゅんさちょう》・巡査部長《じゅんさ》・警部補・警部・警視・警視正・警視長の八つの階級に分かれている。警察は上の階級からの命令は絶対服従が原則で、階級によって役職も給与《きゅうよ》も決まる階級社会だ。たとえば警部は警察署の課長や本部の課長補《ほ》佐《さ》として業務管理や部下の指揮監督《かんとく》に当たり、警視正になると大規模警察署の署長、本部の部長などとして組織の管理・運営に当たる。また、都道府県警察本部の警察官は基本的には地方公務員だが、警視正以上の階級は国家公務員となる。

階級を上げる昇任《しょうにん》は採用時の年齢《ねんれい》や学歴にかかわらず、全員に道が開かれている。昇任《しょうにん》には試験制度によるものと勤務成績や実務経験に基づく選抜《せんばつ》・選考制度によるものの二つがあり、いずれも職員の能力や努力を的確に評価するシステムとなっている。昇任《しょうにん》制度の詳細《しょうさい》については図表3を見てほしい。

特殊《とくしゅ》な技能をもつ警察官

警察官のなかにはその職務に応じて、特殊《とくしゅ》な技能や資格をもつ者も少なくない。たとえば警備部機動隊の災害救助部隊の隊員は潜水士《せんすいし》の資格を有していたり、爆発物対応専門部隊の隊員は火薬類取扱《とりあつかい》保安責任者の資格をもっている。また、テロや人質立てこもり事件などの重大凶悪《きょうあく》事件発生時に出動する特殊急襲《とくしゅきゅうしゅう》部隊、通称SAT（Special Assault Team）の隊員は、特殊《とくしゅ》な訓練によって、犯人逮捕《たいほ》・鎮《ちん》圧《あつ》のための高い技能を身につけている。

図表3 警察官の階級など

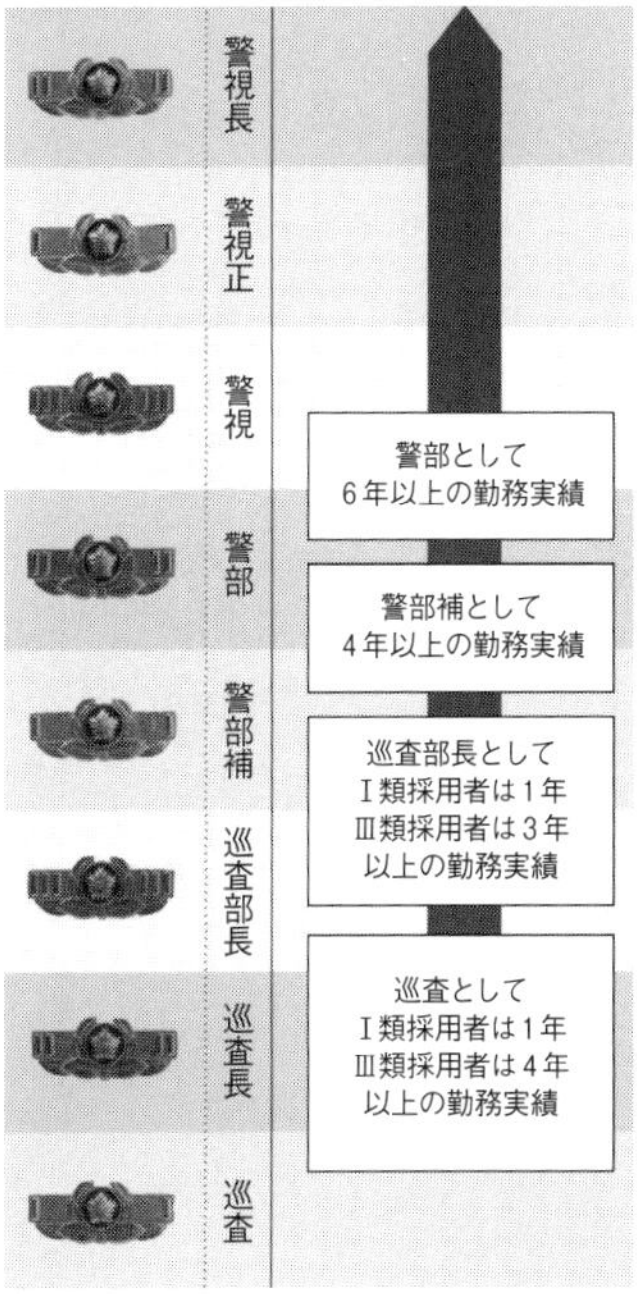

出典：警視庁ホームページ「令和5年度警視庁採用サイト」より加工。Ⅰ類採用者・Ⅲ類採用者とは、警察官採用受験時の類別のこと。Ⅰ類は大学卒業程度、Ⅲ類は高校卒業程度。くわしくは121ページを参照。

通報から臨場

初動は警察の命 通信指令は初動の要

すべては110番通報から始まる

私たちが事故や事件を目撃《もくげき》した時、あるいはひったくりや暴行、強盗《ごうとう》などの犯罪被害《ひがい》に遭《あ》った時、まずしなければならないのが110番通報だ。警察は110番通報を受けてはじめて被害者《ひがいしゃ》救済、犯人逮捕《たいほ》のために動き出すことができる。

事件発生直後に行う捜査《そうさ》活動のことを初動対応と呼ぶ。犯人逮捕《たいほ》・事件解決のためには、この初動警察活動を組織的に迅速《じんそく》かつ効率よく行うことが何よりも大切で、警察の命と呼ばれるほど重要視されている。そんな初動警察活動の要が通信指令業務だ。各都道府県の警察本部には通信指令室が設置されており、24時間体制で110番通報を受理している。

2022年の日本全国の通信指令室の110番通報受理件数は約937万件であり、約

3・3秒に1回、通報を受理していることになる。

通信指令室には役割に応じて三つのセクションがある。一つは「110番受理台」。市民からの110番通報を受け、目撃《もくげき》・被害《ひがい》内容を聞き出す。二つ目が「無線指令台」。警察署や活動中のパトカー、交番の警察官などに110番の内容を伝え、無線で指令する。三つ目が「指揮台」。全体を指揮するセクションだ。

通報者への質問項目《こうもく》

まず110番受理台が通報を受けると、担当者が「はい、110番◯◯（各都道府県警察）です。事件ですか？　事故ですか？」と応対する。その後、通報者に詳細《しょうさい》について質問する。主な項目《こうもく》は以下の通りだ。

①時間と場所――事件か事故が発生した時間、場所、目印になるものを聞く。特に大事なのは場所。警察官が一刻も早く現場に到着《とうちゃく》するために正確な場所を把握《はあく》することが重要だ。正確な住所がわからなくても近くにある物で場所を知らせることができる。たとえば近くのマンションやビルなどの建物の名前や標識、信号機の管理番号を知らせれば住所が判明する。電柱も縦長の金属板の電柱番号が取りつけられており、地名と合わせて表示されている。自動販売機《はんばいき》も住所が書いてあるステッカーが貼《は》ってある

物が多い。

②犯人の有無と特徴《とくちょう》――犯人の性別・身長・人数・逃走《とうそう》手段、逃走《とうそう》した方向など、犯人逮捕《たいほ》の手がかり。

③現場のようす――けが人の有無や、被害《ひがい》内容など現場の状況《じょうきょう》。

④通報者の情報――通報者の氏名、住所、電話番号、事件・事故との関係など。

110番受理係は以上のような情報を通報者から聞き取りながら端末《たんまつ》の画面にメモしていく。その情報はリアルタイムで無線指令台の係員の端末《たんまつ》モニターに加え、付近をパトロール中のパトカーや警察署の端末《たんまつ》モニター、現場の警察官の所持する携帯端末《けいたいたんまつ》にも同時に表示される仕組みになっている。

無線指令台の係員はそれを確認して、管轄《かんかつ》の警察署、交番の警察官、パトカーに「○○本部から○×（管轄《かんかつ》の警察署など）、××事件発生。現場は●●。犯人は○○（特徴《とくちょう》）。○×は現場に急行せよ、○×は付近の検索《けんさく》に当たれ」などといった無線指令を行う。

つまり、通信指令本部では、市民から110番通報を受けながらリアルタイムでメモを共有して素早く状況《じょうきょう》を把握《はあく》し、同時進行で警察署・警察官へ指令、全体の指揮ができる。

その指令により管轄《かんかつ》の警察署の警察官が現場に出動して、事件・事故に対処する。このシステムにより、素早い初動対応が可能になるのだ。

現場で

さまざまな警察官が力を合わせて犯人逮捕に尽力する

最初に臨場するのは地域課の警察官

では通信指令室から指令を受けた警察官たちが実際にどのような動きをするか、強盗《ごうとう》事件を例に一連の流れを解説しよう。

現場に駆《か》けつけることを臨場というが、事件・事故にかかわらず真っ先に臨場するのが地域課の警察官だ。彼らは24時間体制でパトロールや交番・駐在所《ちゅうざいしょ》で任務を遂行《すいこう》しつつ、指令を受けた瞬間《しゅんかん》、現場に急行する。交番は主に交替《こうたい》で勤務し、駐在所《ちゅうざいしょ》は原則として家族と居住して地域の安全を守っているため、どこでどのような事件・事故が発生しても、近くの交番・駐在所《ちゅうざいしょ》からすぐに警察官が現場に向かうことができる。この全国津々浦々《つつうらうら》に張《は》り巡《めぐ》らされた交番・駐在所網《ちゅうざいしょもう》が迅速《じんそく》な初動警察活動を可能とし、特に殺人や強盗《ごうとう》などの凶《きょう》悪《あく》犯罪の検挙率は90パーセント以上と、世界でも高い水準を誇《ほこ》っているのだ。

現場に到着《とうちゃく》した地域課の警察官はまず被害者《ひがいしゃ》に優しく声をかけ、何が起きたのか事情・状況《じょうきょう》を聞き取る。被害者《ひがいしゃ》ががをしていれば応急処置や救急車の手配を行う。

それと同時に、野次馬やマスコミなどが現場に立ち入らないように周辺に「立入禁止」と書かれた規制線を張る。現場には指紋《しもん》や足跡《そくせき》など犯人逮捕《たいほ》につながる重要な証拠《しょうこ》が残されているケースが多い。そこに無関係者が入ると証拠《しょうこ》が失われたり、事件とは関係のないものを残したりして捜査《そうさ》に支障をきたしてしまう。そうならないように、極力、事件が起こった

Column 車で活躍《かつやく》！「移動交番」

交番は特定の場所に設置・固定されているが、専用車で自在に動ける移動交番を運用している都道府県警察もある。

たとえば千葉県警では、移動交番を住民の安全・安心な暮《く》らしの確保と地域の防犯力の強化を目的として、主に事件・事故の多発地域や交番新設要望地域などに開設。各種届出の受理や周辺の警戒《けいかい》や巡回《じゅんかい》パトロールを行うなど、地域の実情に沿った情報発信や犯罪抑《よく》止《し》活動を展開している。

また、災害発生時には、被災《ひさい》地域への派遣《はけん》も行っている。警察官2人と移動交番相談員1人が乗車し、うち1人は女性を配置。2010年から移動交番の配備を進め、現在は、成田《なりた》国際空港警察署を除く県下全38警察署で60台が活躍《かつやく》している。

状態のまま現状保存することが鉄則なのだ。もちろん地域課の警察官自身も不必要に現場に立ち入ったり周辺の物に触《さわ》ったりはせず、現状保存に徹《てっ》する。

犯人逮捕《たいほ》の決め手となる証拠《しょうこ》を採取する鑑識係《かんしきがかり》

つぎに臨場するのは鑑識係《かんしきがかり》と刑事《けいじ》だ。鑑識係《かんしきがかり》は殺人、強盗《ごうとう》、放火、盗犯《とうはん》といったあらゆる事件に臨場する。自分の遺留物を現場に残さないように手袋《てぶくろ》、マスク、腕《うで》カバー、足カバー、頭カバー、帽子《ぼうし》などを装着《そうちゃく》したうえで、現場に最初に入ることが多い。現場に到着《とうちゃく》すると、まずは先に現着していた地域課の警察官や被害者《ひがいしゃ》・通報者に状況《じょうきょう》を聞き、現場の状況《じょうきょう》を確認する。強盗《ごうとう》の場合、特に犯人が触《さわ》ったであろう場所を重点的に聞く。その情報を元に、犯人の指紋《しもん》などの遺留物が検出できそうな場所の目星をつけ、鑑識《かんしき》活動を開始。現場内の写真を撮影《さつえい》したり、特殊《とくしゅ》な道具を使用して指紋《しもん》、足跡《そくせき》、DNA資料などの犯人が残した遺留品を採取する。現場で採取した証拠品《しょうこひん》は署に持ち帰り、本部の鑑識課《かんしきか》の鑑定官《かんていかん》や科学捜査《そうさ》研究所に送って鑑定《かんてい》・分析《ぶんせき》してもらう。

捜査《そうさ》活動を行う刑事《けいじ》

刑事《けいじ》も鑑識《かんしき》と同じく現場に到着《とうちゃく》したら先に現着している警察官に状況《じょうきょう》を聞く。鑑識《かんしき》より先に現着した場合、現状保存のため、たとえば部屋《へや》の中にはなるべく入らない。入る場合でも最小限にとどめ、被害者《ひがいしゃ》の状況《じょうきょう》を確認し、けがなどがなく話が聞ける状態であれば、現場の外で事情聴取《ちょうしゅ》を行う。

強盗《ごうとう》が入ってきた時間、盗《と》られた物・被害《ひがい》品《ひん》などの被害状況《ひがいじょうきょう》や犯人の身長・年齢《ねんれい》・服《ふく》装《そう》・人数などを聞く。

犯人の早期逮捕《たいほ》のため、聴取《ちょうしゅ》した犯人に関するくわしい情報を通信司令室に伝え、県下全域の警察に送信してもらう。また、人手が足りない時は、刑事も鑑識《かんしき》といっしょに情報共有をしながら鑑識《かんしき》活動をすることもある。

このような実況《じっきょう》見分や現場検証は事件の規模によっても違《ちが》うが、数時間で終わるケースから1週間以上かかる事件もある。

犯人の早期逮捕のため、さまざまな情報集めを行う刑事

捜査・逮捕

地道な捜査で証拠を積み上げ犯人を特定・逮捕する

大勢の警察官が一丸となって立ち向かう

連続強盗事件や殺人事件など大規模な事件は捜査《そうさ》本部が立ち上げられ、事件解決のため数十名から事件によっては100名以上の警察官がチームとして捜査《そうさ》を開始する。

聞き込《き》み《こ》は事件発生直後から行い、現場周辺の近隣《きんりん》住民の家を訪問して、事件の概要《がいよう》を説明し、事件発生の時間帯に家にいたかどうか、いたら物音は聞いていないか、不審《ふしん》人物や被疑者《ひぎしゃ》と似た人相や背格好、服装《ふくそう》の人物の目撃《もくげき》の有無などを聞く。

また、現場周辺の防犯・監視《かんし》カメラを回収し、解析《かいせき》する。被疑者《ひぎしゃ》の人相・体型・服装や使用車両が映っていれば、被疑者《ひぎしゃ》を特定するための重要な証拠《しょうこ》となる。

さらに、本部の鑑定官《かんていかん》や科学捜査《そうさ》研究所の分析官《ぶんせきかん》が鑑定《かんてい》・分析《ぶんせき》した指紋《しもん》や足跡《そくせき》、DNA

資料を過去の犯罪者のデータと照合する。この結果も被疑者《ひぎしゃ》特定の決定的証拠《しょうこ》となる。このような地道な捜査《そうさ》を長期間にわたって行い、証拠《しょうこ》を積み上げることで、被疑者《ひぎしゃ》を絞《しぼ》り込《こ》んでいく。

確実に逮捕《たいほ》する

被疑者《ひぎしゃ》が確定するといよいよ逮捕《たいほ》に動く。しかし警察が集めた証拠《しょうこ》だけで逮捕《たいほ》することはできない。刑事訴訟法《けいじそしょうほう》199条1項《こう》で「被疑者《ひぎしゃ》が罪を犯したことを疑うに足りる相当な理由があるときは、裁判官のあらかじめ発する逮捕状により、これを逮捕することができる」と定められているからだ。その理由を裁判所に説明して、逮捕《たいほ》を認めさせるため、逮《たい》捕状請求書《ほじょうせいきゅうしょ》を裁判所に提出する。逮捕状請求書《たいほじょうせいきゅうしょ》には、捜査《そうさ》の経過や詳細《しょうさい》、この被疑者《ひぎしゃ》が犯人だと断定する証拠《しょうこ》などを記載《きさい》する。裁判官が逮捕状請求書《たいほじょうせいきゅうしょ》を読んで、被疑者《ひぎしゃ》が犯人である可能性が高く、逮捕《たいほ》する必要があると判断したら逮捕《たいほ》令状を発布する。この時はじめて刑事《けいじ》は被疑者《ひぎしゃ》を逮捕《たいほ》して身柄《みがら》を拘束《こうそく》することが可能となる。

刑事《けいじ》は24時間体制の張《は》り込《こ》みなどの捜査《そうさ》で、被疑者《ひぎしゃ》の生活状況《じょうきょう》などを徹底的《てっていてき》に調べ上げている。その情報を元に、逮捕状《たいほじょう》を持って被疑者《ひぎしゃ》の自宅に踏《ふ》み込《こ》むなどして逮捕《たいほ》を実行する。確実に逮捕《たいほ》できるかどうかは事前の捜査《そうさ》による情報収集の量と精度で決まるのだ。

ひき逃《に》げ事件などの場合

そのほかの事件、たとえば、ひき逃《に》げ事件の場合は、通信指令室内にあるカーロケーションシステムで、パトカーの活動状況《じょうきょう》を把握《はあく》できる。指揮台正面には、マルチスクリーンが設置され、事件発生現場の地図をはじめ、ヘリコプターによる上空からの映像や、現場の状況《じょうきょう》などを確認できる。パトカーの位置もリアルタイムで通信指令室のモニターに表示され、どこを走行しているのかがわかるため、より的確な指令を出すことができる。

通信指令室から出動指令を受けた、現場付近を走行中の自動車警ら隊や警察署のパトカー、交通機動隊の白バイが現場に急行。リアルタイムで指示を受けつつ逃走《とうそう》車両の追跡《ついせき》に当たったり、必要に応じて緊急《きんきゅう》配備を敷いて検問を実施《じっし》し、犯人を逮捕《たいほ》する。

徹底《てってい》した取調べ

逮捕《たいほ》した容疑者は、警察署内の留置場や法務省所管の拘置所《こうちしょ》に身柄《みがら》を留置され、徹底《てってい》した取調べを行う。

取調べは基本的に警察官と被疑者《ひぎしゃ》の1対1で行うが、重要事件の場合は警察官2名で行うこともある。これまでの捜査《そうさ》で得た証拠《しょうこ》をつきつけ、容疑者の話をしっかり聞いたうえで、最終的に自分が間違《まちが》いなく犯人であることを自分の口から話させ、犯行の動機や経緯《けいい》などをパソコンに入力して調書を取る。被疑者《ひぎしゃ》の供述に基づいてさらなる裏づけ捜査《そうさ》を行うことによって、事件の全貌《ぜんぼう》を明らかにしていく。この時、担当の刑事は決して自白を強要しないことを心がけている。自白の強要は法律違反《いはん》で、強要されての自白は裁判で証拠《しょうこ》能力が認められず、無罪になる可能性が高くなるからだ。

検察庁へ送致《そうち》

被疑者《ひぎしゃ》を逮捕《たいほ》した場合、警察は48時間以内に、その身柄《みがら》を検察官に送らなければならない。これを「身柄送致《みがらそうち》」と呼ぶ。ちなみに送致《そうち》には捜査《そうさ》資料や証拠物《しょうこぶつ》だけを送る「書類送検」もある。比較的《ひかくてき》軽い罪状で罪を認めており、証拠隠滅《しょうこいんめつ》や逃亡《とうぼう》の恐《おそ》れがないと判断された被疑者《ひぎしゃ》は逮捕《たいほ》されず、書類送検となるケースが多い。

検察庁に送る捜査《そうさ》資料には、取調べで被疑者《ひぎしゃ》や参考人が話した内容を記録した供述調書、鑑識係《かんしきがかり》が記録した犯行現場の写真や図面、指紋《しもん》照合やＤＮＡ鑑定《かんてい》の結果、関係者のパソコンやスマートフォンの中に隠《かく》されていた記録など、犯行を裏づけるさまざまな証拠《しょうこ》が記載《きさい》されている。証拠物《しょうこぶつ》として、実際に犯行に使われた凶器などをいっしょに送ることも多い。

送致後《そうちご》も引き続き捜査《そうさ》を行う

送致《そうち》を受けた検察官は警察官が送った捜査《そうさ》資料を読み、被疑者《ひぎしゃ》の取調べを行う。起訴《きそ》するためには証拠《しょうこ》が不十分だと判断すれば、警察官に補充捜査《ほじゅうそうさ》を指示する。同時に裁判官に対して勾留《こうりゅう》の請求《せいきゅう》を行い、裁判官がその請求《せいきゅう》を認めると、被疑者《ひぎしゃ》は最長で20日間勾留《こうりゅう》されることになる。その間に、警察はさらなる確定的な証拠《しょうこ》を得るために引き続き捜査《そうさ》を行う。

検察官が、みずから行う取調べや警察の補《ほ》充捜査《じゅうそうさ》で犯人を有罪にするために十分な証拠《しょうこ》を得たと判断すれば起訴《きそ》、判断できなければ不起訴《ふきそ》にする。この時点で警察の仕事は終了《しゅうりょう》。また新たな事件に立ち向かうのだ。

刑事は、常にいくつもの事件をかかえ捜査をしている

Column

少年の特殊《とくしゅ》詐欺《さぎ》への加担防止の取り組み

昨今、ニュースで取り上げられない日はないといっても過言ではない特殊《とくしゅ》詐欺《さぎ》事件。２０２２年の全国の被害《ひがい》総額は３７０億円以上と増加している。ＳＮＳで高額な報酬《ほうしゅう》をうたい文句に、犯罪に誘い込《こ》むいわゆる「闇《やみ》バイト」に応募《おうぼ》する10代の少年が増加するなど、加害者の低年齢化《ていねんれいか》も深刻な問題となっている。このような若年層の特殊《とくしゅ》詐欺《さぎ》の加害者・被害者《ひがいしゃ》を減らすため全国の都道府県はさまざまな対策を講じている。

千葉県警では、全国的に大きな社会問題となっているオレオレ詐欺《さぎ》などの特殊《とくしゅ》詐欺《さぎ》をわかりやすく表現するため、「電話《でんわ》de《で》詐欺《さぎ》」と呼称している。「電話《でんわ》de《で》詐欺《さぎ》」には、息子や孫を名乗って現金を騙《だま》し取る手口、警察官や市役所職員などを名乗ってキャッシュカードを騙《だま》し取る手口、ＡＴＭで医療費《いりょうひ》の還付金《かんぷきん》が受け取れると言って現金を振《ふ》り込《こ》ませる手口など、さまざまな騙《だま》しの手口があり、日々、巧妙化《こうみょうか》している。

千葉県内でも、電話《でんわ》de《で》詐欺《さぎ》に加担する少年は後を絶たず、２０２２年中に検挙した少年は45人で前年と比べ２倍以上に増加し、全検挙人員に占《し》める少年の割合は約３割となっている。

検挙された少年の犯行におよんだきっかけや動機は、先輩《せんぱい》や友人からの勧誘《かんゆう》やＳＮＳの闇《やみ》バイトなどが多く、お小遣《こづか》い欲しさという安易な理由からアルバイト感覚で電話《でんわ》de《で》詐欺《さぎ》に加担する傾向《けいこう》がある。そのため千葉県警では、少年の電話《でんわ》de《で》詐欺《さぎ》加担防止対策として、つぎのような取り組みを推進している。

一つは、少年に対する教養・啓発《けいはつ》活動。具体的には、マンガ形式にすることで少年に興味をもってもらい、犯罪行為を未然に防止しようと、詐欺《さぎ》に加担することの恐《おそ》ろしさをマンガで解説する啓発《けいはつ》リーフレットを作成し、県内の中学生に配布。また、少年補導専門員などによる非行防止教室を開催《かいさい》。さらに、プロレスラーと大学ボランティアが、実際の被害例《ひがいれい》をもとにした寸劇を披露《ひろう》している。

加えて、少年に人気のある若手お笑い芸人を起用してショートコント形式の啓発《けいはつ》動画などを制作。その動画を非行防止教室などの教育現場で活用したり、多くの少年が利用するYouTubeなどのSNSを利用して配信している。

千葉県警では引き続きこれらの活動を継続《けいぞく》するとともに、今後は罪を犯した少年に対する再犯防止という観点からも、少年院や少年鑑別所《かんべつしょ》などの矯正《きょうせい》施《し》設《せつ》、保護観察所などの更生《こうせい》保護施設《しせつ》と連携《れんけい》を図り、少年の電話《でんわ》de詐欺《さぎ》加担防止に向けた取り組みを推進する予定だ。

もし、小遣《こづか》い欲しさなどの軽い気持ちで闇《やみ》バイトに応募《おうぼ》したら、犯罪組織に本名、学校名、住所など個人情報を握《にぎ》られ、途中《とちゅう》で辞めたくなってもそれをもとに脅《おど》され、辞められなくなってしまう。与《あた》えられる仕事はお金を騙《だま》しとる相手から現金を直接受け取る「受け子」などの簡単なものだが、よくニュースになっているようにすぐに捕まるリスクが高い。

逮捕《たいほ》されると少年院送致《そうち》となったり、少年であっても、家庭裁判所が保護処分ではなく、懲役《ちょうえき》・罰金《ばっきん》などの刑罰《けいばつ》を科すべきと判断した場合は、検察官送致《そうち》となる。起訴《きそ》され刑事《けいじ》裁判で有罪となれば罰金刑《ばっきんけい》や懲役刑《ちょうえきけい》などの厳しい刑罰《けいばつ》が科される。そうなるとふつうの進学、就職が困難になる可能性もある。

どう考えても得られる報酬《ほうしゅう》よりリスクのほうが高いので、くれぐれも闇《やみ》バイトには応募《おうぼ》しないように。

出典：千葉県警察ホームページ「リーフレット電話de詐欺」

警察署の一日

捜査の合間に訓練も当直勤務もある

1年365日24時間稼《か》働《どう》する警察署

２０２３年４月１日現在、全国に警察署は約１１４９カ所、交番は６２３９カ所、駐在《ちゅうざい》所《しょ》は６０２６カ所設置されている。それらの場所には日々時間を問わず発生する事件・事故に対応するため、警察官が３６５日24時間、交代で勤務している。

勤務スケジュールは職種によって大きく異なるので、いくつかの職種の警察官を例に一日の流れを紹介《しょうかい》しよう。

24時間勤務の地域課の警察官

まずはもっとも一般《いっぱん》市民に身近で、警察官としてのキャリアのスタートである地域課の

出勤のスタートは勤務する警察署から

交番勤務の警察官の場合。警視庁を除く道府県警察では3交替《こうたい》制を採用しており、24時間勤務の「当番」→当番明けで有事のさいに呼び出しがかかれば出勤する「非番」→休みの「休日」を順次くり返す勤務形態となっている。

当番の一日は以下の通りだ。午前7時ごろ、所属する警察署に出勤して準備した後、午前7時30分から1時間ほど早朝術科訓練を行う。各都道府県の警察署や警察本部には道場が設置されている。そこで、逃走《とうそう》・抵抗《ていこう》する犯人を制圧・確保するための心身や技術の鍛錬《たんれん》を目的として、剣道《けんどう》・柔道《じゅうどう》・合気道・逮捕術《たいほじゅつ》などの術科と呼ばれる訓練が行われている。

午前8時30分から勤務開始。上司から指示連絡《れんらく》を受けた後、所属する交番に出勤。地理案内、遺失届・拾得物の受理、地域パトロール、交通違反取締《いはんとりしま》り、110番臨場などを行う。午後0時から休憩《きゅうけい》・昼食を取った後、午後1時から再び交番勤務開始。午後6時から夕食・休憩《きゅうけい》を取った後、午後7時から休憩《きゅうけい》や仮眠《かみん》をはさみながら翌日の午前8時30分まで勤務。この日の当番員に申し送りを行い交代して、非番に入る。

非番の日も事件発生など有事のさいは応援《おうえん》のため現場に駆《か》けつけなければならないので自宅で待機していなければならない。

ちなみに警視庁だけは4交替《こうたい》制勤務。昼間勤務の「第1当番」、夜間勤務の「第2当番」、「非番」、「休日」をくり返す。令和5年度警視庁採用サイトの「地域警察官の代表的な一日」によると、第1当番は午前7時30分から

交替制で日夜、街の安心・安全を守る

早朝術科訓練、午前8時30分から勤務開始、午後5時15分に勤務終了《しゅうりょう》。第2当番は午後3時に出勤・勤務開始、翌日の午前10時に勤務終了《しゅうりょう》となっている。勤務開始時刻と終了《しゅうりょう》時刻は警察署ごとに異なり、休憩《きゅうけい》は、勤務員ごとに時間帯をずらして取っている。

警察署勤務の警察官の場合

警察署勤務の生活安全課の警察官や刑事課《けいじか》の刑事《けいじ》は基本的に月曜日から金曜日までは午前8時30分から午後5時15分までが定時勤務の「毎日勤務（日勤）」で、土日・祝日が休みという勤務形態だ。これに月に数回、泊《と》まり勤務が入る。

日勤の場合は午前8時30分から勤務開始だが、その1時間前に出勤してメールや前日に受けた相談の内容をチェックしたり、仕事の準備を行う警察官も多い。8時30分、課全体で課長が署長や幹部から受けた指示やその日にそれぞれの係のやるべき仕事や予定を共有する会議を行う。9時から具体的な業務開始。防犯カメラの解析《かいせき》、聞《き》き込《こ》み、取調べなど担当事件の捜査全般《そうさぜんぱん》や書類作成などを行う。110番通報で指令を受けたら臨場する。午前中に術科の訓練を行う日もある。

12時から休憩《きゅうけい》・昼食。事件が立《た》て込《こ》んでいれば取れないことも多いので、余裕《よゆう》を見つけて取る。午後1時から勤務再開。午後5時15分が勤務終了《しゅうりょう》、退署する時間だが、忙《いそが》しくて

図表4 警察署勤務の当直と日勤の勤務の例

毎日勤務：8：30～17：15	
7：00	出勤。準備。メールチェックなど
8：30	勤務開始。朝礼・会議など
9：00	防犯カメラの解析、聞き込み、取調べなど担当事件の捜査全般や書類作成など
10：00	逮捕術などの術科訓練
12：00	昼食
13：00	事件発生、臨場・捜査・書類作成など
17：15	勤務終了

交替制勤務：8：30～翌8：30	
7：00	出勤。早朝術科訓練
8：30	勤務開始。申し送り。メールチェック・朝礼・会議など
9：00	交番で遺失物受理、地理案内、相談事の対応などの来訪者対応
12：00	昼食
13：00	パトロール・巡回など
16：00	交通事故発生、臨場。被害者対応、交通整理など
19：00	夕食
20：00	書類作成
22：00	夜間パトロール
0：00	休憩・仮眠
3：00	110番通報により臨場
8：30	勤務交代。申し送り

残業する日も多い。月に数回入る泊《と》まり勤務は地域課の警察官と同じく、休憩《きゅうけい》・仮眠《かみん》を取りつつ、翌日の9時30分まで勤務し、この日の当番員に申し送りを行い交代する。この間は何時であっても通報が入れば臨場する。

このように警察官の勤務はハードなイメージがあるが、なかには出勤・退勤ともに定時でほとんど残業がない職種もある。とはいえ事件が立て続けに発生すれば長時間勤務になることもあるのは、どの部署も同じだ。

Column

警察のいろいろな仕事①

■科学捜査《そうさ》研究所

犯罪現場に残された物的証拠は、事件・事故の真相を解明し、犯人を逮捕《たいほ》するための大きな手がかりになるばかりでなく、裁判で犯人を有罪にするための重要な証拠《しょうこ》にもなる。そのような、鑑識係《かんしきがかり》が現場で集めた証拠《しょうこ》を分析《ぶんせき》、鑑定《かんてい》しているのが科学捜査《そうさ》研究所だ。各都道府県警察本部に設置されている研究機関で、全国に数百人の研究員が存在。警察庁科学警察研究所と連携《れんけい》して日本の科学捜査《そうさ》を支えている。

原則として、血液・体液、髪《かみ》の毛、皮膚片《ひふへん》などの体の一部からDNA鑑定《かんてい》を行う「法医学」、犯罪心理の研究を行う「心理学」、筆跡《ひっせき》などの鑑定《かんてい》を行う「文書」、建物・機械・銃器弾丸《じゅうきだんがん》・火災・音声などの鑑定《かんてい》を行う「物理」、麻薬《まやく》・毒物・繊維《せんい》・塗料《とりょう》などの鑑定《かんてい》を行う「化学」の5つの分野に分かれている。

通常は鑑識課《かんしきか》と共同で捜査《そうさ》をサポートしているが、独自の科学捜査《そうさ》活動を行うこともある。また、科学捜査《そうさ》なしでは解決が困難なハイテク犯罪が増加傾向《けいこう》にあるため、通常の刑事捜査《けいじそうさ》に科学捜査《そうさ》を本格的に導入している都道府県警察本部も少なくない。

科学捜査《そうさ》研究所の研究員は警察官ではなく技術職員で、その採用方法は各都道府県によってさまざま。採用試験の内容は地方公務員上級程度の教養試験、志望分野の専門試験と口述試験、面接試験、適性検査、論文試験となっている場合が多い。

警察官採用ではないが、通常はまず各都道府県の警察学校に入校して1カ月の研修を受けなければならない。しかし警察官とは違《ちが》い、術科（柔道《じゅうどう》・剣《けん》道《どう》・逮捕術《たいほじゅつ》）はなく、座学（規律・職務倫理《りんり》・法律）が中心である。さらに、1年目の秋には全国の新人研究員が警察庁科学警察研究所に法科学研修所鑑定《かんてい》技術職員として入所し研修を受ける。その後5年目にも、さらに高度な研修を受け研究員としてのレベルアップを図っている。

ミニドキュメント 1 事件を捜査、犯人を逮捕

地道な捜査の積み重ねで凶悪犯人を逮捕！

千《ち》葉《ば》県警察本部刑事部 捜査第一課
伊《い》藤《とう》文《ふみ》彦《ひこ》さん

捜査《そうさ》第一課の刑事《けいじ》としての仕事

私が所属する千葉県警察本部刑事部捜査《けいじぶそうさ》第一課は殺人、強盗《ごうとう》、誘拐《ゆうかい》、性犯罪、放火などの凶悪《きょうあく》犯罪の捜査《そうさ》を行います。そのなかで私が担当しているのは、強盗《ごうとう》事件などを取《と》り扱《あつか》う広域強行犯捜査《そうさ》です。

日々の業務では、まず事件発生現場における被害者《ひがいしゃ》や目撃者《もくげきしゃ》への事情聴取《ちょうしゅ》があります。

事件現場に臨場したさい、まず第一に被害《ひがい》者《しゃ》にけががないかを確認し、けがをしていれば救急車を手配し、負傷者の救護を行います。

また、被害者《ひがいしゃ》から話が聞ける状態であれば、被害《ひがい》にあった時間、身長・年齢《ねんれい》・服装《ふくそう》・人数などの犯人の特徴《とくちょう》、被害品《ひがいひん》の有無などの被害《ひがい》状況《じょうきょう》を聞き取ります。

事情聴取《ちょうしゅ》するさいは、被害者《ひがいしゃ》は突然《とつぜん》、犯罪被害《ひがい》に遭《あ》い、肉体的・精神的に多大なダメージを負っているので、とにかく被害者《ひがいしゃ》に負担をかけないように、スムーズな聴取《ちょうしゅ》を心がけています。

つぎに、近隣《きんりん》住民への聞《き》き込《こ》みを行います。事件発生時刻に在宅していたか、物音は聞いていないか、犯人に似た人相の不審《ふしん》人物を見かけなかったかなど、犯人につながる情報を聞いていきます。

また、鑑識《かんしき》担当といっしょに情報共有をしながら綿密な実況見分《じっきょうけんぶん》を行い、犯罪の証拠《しょうこ》となる各種資料を収集することもあります。

具体的な捜査《そうさ》方法

その後はさらに現場近くの住民や関係者への聞《き》き込《こ》みを行います。住民の記憶《きおく》をていねいに聞き、眠《ねむ》っていた事件発生当時の記憶《きおく》を蘇《よみがえ》らせます。その過程で「そういえばこうだった」という犯人特定につながる新しい重要証言が出てくることもあるのです。その後、犯人として浮上《ふじょう》した人物の生活サイクルを確認するため、自宅や職場などを24時間張《は》り込《こ》むなど、徹底的《てっていてき》に捜査します。

このような地道な捜査《そうさ》の積み重ねで犯人を特定するのです。犯人を確実に逮捕《たいほ》できるかどうかは、地道な捜査《そうさ》で情報をどれだけ集められるかで決まるわけです。

犯人を特定すると、その根拠《こんきょ》を記載《きさい》した関係書類を裁判所に提出します。裁判官がその人が犯人である可能性が高く、逮捕《たいほ》する必要性があると認めたら逮捕状《たいほじょう》が発付されます。その逮捕《たいほ》令状を受け取ったら、事前の捜査《そうさ》で把握《はあく》ずみの犯人がいる可能性が高い場所・時間帯に赴《おもむ》いて犯人を逮捕《たいほ》、警察署に連行して取調べを実施《じっし》します。

取調べは、基本的に取調室で行い、調書化していきます。この時重要なのは、犯罪行為《こうい》をした人間だからといって、一方的に「おまえがやったんだろ!」と厳しく問《と》い詰《つ》めないこと。そうすると心を閉ざしてしまい、何もしゃべらなくなってしまうことが多いからです。

逮捕時《たいほじ》の取調べが終わると、今までの捜査《そうさ》状況《じょうきょう》を記載《きさい》した書類といっしょに犯人を検察庁に送致《そうち》します。これを「送検」といいます。

しかし、これで刑事《けいじ》の仕事は終わりではありません。送検後、事件を担当する検察官が関係記録をもとに犯人の取調べを行うとともに、犯人を有罪とするために、「被疑者《ひぎしゃ》が犯罪を行った事実を裏づける証拠《しょうこ》が必要だから調べてほしい」などと私たちに連絡《れんらく》が来るので、必要な捜査《そうさ》を行います。その後、犯人を起訴《きそ》(被疑《ひぎ》事実について裁判所に対して審理《しんり》を求めること)した時点で、その事件における刑事《けいじ》の仕事は終了《しゅうりょう》し、つぎの事件に立ち向かうのです。

事件発生! 現場に臨場

いちばん印象に残っている事件

これまでいちばん印象に残っているのは、

イギリス人女性殺人・死体遺棄《いき》事件。警察官になって1年半ほど経ったころ、この事件が発生し、設置された捜査《そうさ》本部に捜査《そうさ》員《いん》の一人として抜擢《ばってき》されました。捜査《そうさ》本部では3年間、

捜査情報をまとめ調書を作成

捜査《そうさ》第一課の先輩《せんぱい》刑事《けいじ》とペアになって、捜査《そうさ》活動に従事したのです。連日マスコミで報じられるような、犯罪史に残る事件にたずさわることができ、犯人逮捕《たいほ》に微力《びりょく》ながら貢献《こうけん》できたのでもっとも印象に残る事件となりました。

強盗《ごうとう》犯《はん》を逮捕《たいほ》

刑事《けいじ》になって以来、数えきれないほど犯人逮捕《たいほ》の現場に立ち会ってきました。最近では、強盗《ごうとう》がお年寄りの家に押《お》し入《い》るという事件があり、捜査《そうさ》によって、犯人を特定。態勢を整えて、逮捕《たいほ》に向かいました。自宅付近で犯人に声をかけた瞬間《しゅんかん》、逃走《とうそう》したのですが、20メートルほど追跡《ついせき》し、捕まえました。最初は抵抗《ていこう》していましたが、すぐに観念したので手錠《てじょう》をかけて逮捕《たいほ》、警察車両に乗せて署まで連行しました。後日、共犯者全員を逮捕《たいほ》し、

送検しました。

つらくてもがんばれる理由

長年刑事《けいじ》として働いていると、目を覆《おお》いたくなるような悲惨《ひさん》な現場に臨場することも少なくありません。殺人事件の現場に臨場したら血の海だったということが何度もあります。そんな凄惨《せいさん》な現場は確かにショックを受けますが、気分が悪くなったりしていては仕事になりません。ですから、警察署からの無線でそのような現場であることがわかっている場合は、いつも以上に覚悟《かくご》を決めて、ある種の心のスイッチを入れて臨場しています。すると動揺《どうよう》せずに冷静に捜査《そうさ》に従事することができるのです。

過去には「なんで自分は警察官をやっているんだろう」と思ったこともありました。きっと、ほかの警察官も一度は思ったことがあるのではないのでしょうか。それでも犯人を逮捕《たいほ》して被害者《ひがいしゃ》から「ありがとう」と感謝されると、それまでの苦労が吹《ふ》き飛《と》びます。この時は、刑事《けいじ》になってよかったなと思える瞬《しゅん》間《かん》でもあります。被害者《ひがいしゃ》の無念を晴らすことも刑事《けいじ》の仕事の大きな目的の一つであり、これが仕事の大きな原動力の一つとなっています。

さまざまな経験が役に立つ

刑事《けいじ》に必要なのは肉体的・精神的なタフさと、壁《かべ》にぶつかってもあきらめない粘《ねば》り強《づよ》さ、それとコミュニケーション能力です。誰《だれ》とでもしゃべれる人は向いていると思います。とはいえ、私のような人見知りでも、何年も聞《き》き込《こ》みや取調べをしていれば、いつの間にか自然と身についていくので、「コミュ障」な人でもだいじょうぶです。

また、警察官になる前には、学生生活やアルバイトなどを通じて、さまざまな経験をしておくことをお勧《すす》めします。私自身、高校卒業後、コンビニのアルバイトを経験したことによって、コンビニ強盗《ごうとう》が発生した時、従業員や客の動きをイメージすることができ、捜査《そうさ》に活かすことができました。また数年間、自動車関係の仕事を経験したことによって、犯行に使用された車の車種をすぐ特定できて、捜査《そうさ》が早く進展したなど、さまざまな経験が現在の仕事に役立っているからです。

「被害者の無念を晴らしたい」と伊藤さん

警察官の仕事は命懸《いのちが》けで住民の生命、身体、財産を守り、安全で安心できる日常生活を確保すること。そのために多くの仲間たちとたがいに助け合い、大きな喜びや悲しみを共有することで強固な絆《きずな》が育まれるのです。だからこそ、一人ではなかなか乗《の》り越《こ》えられないつらいことも乗《の》り越《こ》えていけるものだと思います。

このほかにも警察ならではの強みがあり、刑事《けいじ》はやりがいの大きい仕事です。一人でも多くの若者にめざしていただきたいです。

ミニドキュメント 2 事件現場で技術を駆使し証拠を採取

犯人を逮捕するため 決定的な証拠を探し出す

千葉《ちば》県警察本部刑事部 鑑識課
三島《みしま》孝綱《たかつな》さん

事件現場で犯人の遺留物を採取する

鑑識《かんしき》の主な仕事は、殺人、強盗《ごうとう》、放火、窃《せっ》盗《とう》などの事件現場に臨場し、あらゆる技術、装備《そうび》を駆使《くし》して各種資料などを見つけ採取すること、そして犯人を有罪にするための証拠《しょうこ》を立証し確実なものにすることです。

事件が発生すると通信指令室から事件情報が指令されるため、鑑識係《かんしきがかり》は必要な装備《そうび》を確認し、現場に急行します。人数は事件の重要性や現場の広さによって異なりますが、多い時は10人以上で臨場することもあります。

現場では、先着し現場保存を行っている地域警察官に、現場に到着《とうちゃく》した時と現在との違《ちが》いを確認します。これは事件発生時に近い状《じょう》況《きょう》を正確に把握《はあく》し、些細《ささい》なことでも事件解決

料金受取人払郵便

本郷局承認

6276

差出有効期間
2025年9月30日
まで

郵便はがき

113-8790

(受取人)
東京都文京区本郷1・28・36

株式会社 ぺりかん社

一般書編集部行

購入申込書

※当社刊行物のご注文にご利用ください。

書名		定価[円+税] 部数[部]
書名		定価[円+税] 部数[部]
書名		定価[円+税] 部数[部]

●購入方法をお選び下さい(□にチェック)	□直接購入(代金引き換えとなります。送料+代引手数料で900円+税が別途かかります) □書店経由(本状を書店にお渡し下さるか、下欄に書店ご指定の上、ご投函下さい)	番線印(書店使用欄)
書店名		
書店所在地		

書店様へ:本状でお申込みがございましたら、番線印を押印の上ご投函下さい。

※ご購読ありがとうございました。今後の企画・編集の参考にさせていただきますので、ご意見・ご感想をお聞かせください。

アンケートはwebページでも受け付けています。

URL http://www.perikansha.co.jp/qa.html

書名	No.

●この本を何でお知りになりましたか?

□書店で見て　□図書館で見て　□先生に勧められて
□DMで　□インターネットで
□その他［　　　　　　　　］

●この本へのご感想をお聞かせください

・内容のわかりやすさは?　□難しい　□ちょうどよい　□やさしい
・文章・漢字の量は?　□多い　□普通　□少ない
・文字の大きさは?　□大きい　□ちょうどよい　□小さい
・カバーデザインやページレイアウトは?　□好き　□普通　□嫌い
・この本でよかった項目［　　　　　　　　］
・この本で悪かった項目［　　　　　　　　］

●興味のある分野を教えてください（あてはまる項目に○。複数回答可）。
また、シリーズに入れてほしい職業は?

医療　福祉　教育　子ども　動植物　機械・電気・化学　乗り物　宇宙　建築　環境
食　旅行　Web・ゲーム・アニメ　美容　スポーツ　ファッション・アート　マスコミ
音楽　ビジネス・経営　語学　公務員　政治・法律　その他
シリーズに入れてほしい職業［　　　　　　　　］

●進路を考えるときに知りたいことはどんなことですか?

［　　　　　　　　］

●今後、どのようなテーマ・内容の本が読みたいですか?

［　　　　　　　　］

お名前	ふりがな ［　　歳］ ［男・女］	ご職業・学校名	
ご住所	〒［　　－　　］　TEL.［　　－　　－　　］		
お買上書店名	市・区 町・村　　書店		

ご協力ありがとうございました。詳しくお書きいただいた方には抽選で粗品を進呈いたします。

の糸口にできることがあるからです。私たち鑑識係《かんしきがかり》と同時進行で刑事《けいじ》が被害者《ひがいしゃ》や関係者から状況《じょうきょう》を聞いたり、聞き込《こ》みなどを行った結果を鑑識《かんしき》活動に反映させることも重要です。

しかし、いちばん大切なことは先入観にとらわれず、現場の隅々《すみずみ》まで徹底《てってい》して観察し、あらゆる可能性を受け入れ、もれなく証拠《しょうこ》となる資料を採取することなのです。

現場に入る時は、自分の指紋《しもん》や足跡《そくせき》、髪《かみ》の毛などを現場に残さないように必ず手袋《てぶくろ》、マスク、足カバー、ヘアキャップなどを着用します。これは、現場にある資料を破壊《はかい》しないためであり、採取した資料を鑑定《かんてい》するさいに効率よく犯人に近づくためでもあるのです。

具体的な鑑識《かんしき》活動

まずは現場全体を隅々《すみずみ》までデジタルカメラで撮影《さつえい》します。現場はどの位置にあるのか、現場には何があるのか、それはどのような状態なのかをさまざまな角度から徹底《てってい》して撮影《さつえい》することが重要なのです。その後、犯人が残した指紋《しもん》・足跡《そくせき》などの痕跡《こんせき》、髪《かみ》の毛・爪《つめ》・血液・体液などのＤＮＡに関係する資料、衣服の繊維《せんい》など、さまざまな資料を専用の装備《そうび》を使用して採取します。

指紋《しもん》の採取であれば、その場所が何でできているのか、どのような採取方法が有効なのかを的確に判断し、それぞれにあった技法や装備《そうび》で検出を行います。指紋《しもん》は皮膚《ひふ》から出る汗《あせ》などの水分が模様となり物体に印象されたものですが、ついた場所の素材により使う粉末を替《か》えたりします。また、状況《じょうきょう》によっては液体や気体を使い採取することもあります。

髪《かみ》の毛、皮膚《ひふ》、爪《つめ》、血痕《けっこん》などのＤＮＡに関

係する資料は、犯人特定の決め手となる重要な証拠《しょうこ》の一つとなります。血液などは専用のテープ、綿棒のようなものを使用し、髪《かみ》の毛などはすべて1本1本専用の袋に採取します。

また、肉眼で見えにくい微細《びさい》な付着物はLEDライトの光を斜《なな》めに当てるなどの工夫をして、どんな小さな物であっても見逃《みのが》さずすべての資料をもれなく採取することを徹底《てってい》して現場で活動しています。

同じ現場は一つとしてない

鑑識《かんしき》活動を行うさいに心がけているのは、先ほども話した通り「先入観や思《おも》い込《こ》みをもたない」ということです。これまで数えきれないほどの現場に臨場しましたが、同じ現場は一つとしてありませんでした。現場では、常に初心に立《た》ち戻《もど》り、あらゆる可能性を排除《はいじょ》せず鑑識《かんしき》活動を行うようにしています。

また、現場鑑識《かんしき》活動は一日で終わる場合もあれば、一週間以上かかることもあります。しかし、毎回「犯人はどこかに証拠《しょうこ》を残して

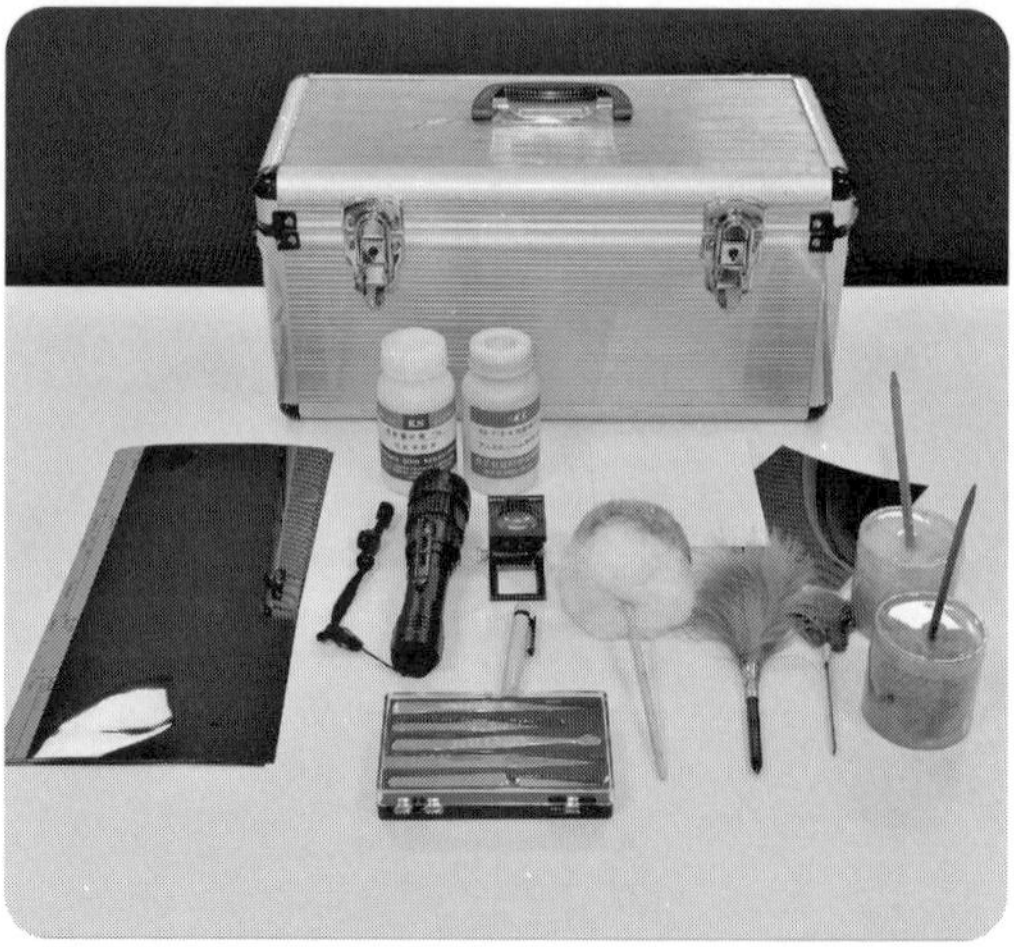

現場によって使用する道具はさまざま

いる、絶対に見つけてやる」という強い思いで取り組んでいます。鑑識《かんしき》活動においては、

ドアについた指紋を浮き上がらせ採取

「あきらめないこと、妥協《だきょう》しないこと」がとても大切なのです。

現場での鑑識《かんしき》活動が終わると警察署に戻《もど》り、採取した指紋《しもん》や足跡《そくせき》、DNA関係採取物などの資料を警察本部の鑑識課《かんしきか》や科学捜査《そうさ》研究所に鑑定《かんてい》を依頼《いらい》する手続きを執《と》ります。

また、現場の図面と鑑識《かんしき》活動の内容をくわしく記載《きさい》した報告書なども作成しますが、この報告書の作成も鑑識係《かんしきがかり》の重要な仕事の一つなので、些細《ささい》なことであっても書《か》き漏《も》らさず正確に記載《きさい》するように心《こころ》がけています。

私たち鑑識係《かんしきがかり》は、毎日のように起こる事件に対応しているため鑑識《かんしき》活動に追われる日々が続きますが、一つひとつの現場活動での反省と研究は欠かせません。常に最善の採取活動ができるように、うまく採取できなかったものについては、再度同じような検体を使い

くり返し改善を行います。さらに、これまでにはなかった素材への対応や新たな技法についても、研究開発、実験を行い、どんな手法が有効で最善かを常に検討しています。

忘れられない事件

これまでの鑑識《かんしき》人生でもっとも印象に残っているのは、まだ鑑識係《かんしきがかり》になって間もないころに発生した強盗致死《ごうとうちし》事件です。

まだ右も左もわからない新米鑑識係《かんしきがかり》であった私は、事件の捜査《そうさ》本部に鑑識係《かんしきがかり》の一員として編入され、捜査第一課のベテラン捜査員《そうさいん》たちに交ざって現場検証に参加しました。当時の私は鑑識《かんしき》活動の手順も要領もわからない状態で、早朝から深夜まで、ただ先輩《せんぱい》の指示に従い鑑識《かんしき》作業と報告書の作成を連日くり返しており、つらい日々を送っていました。

やはり、自分が納得し積極的に活動できない仕事はつらいものです。それでもめげずにがんばることができたのは、早く一人前になりたい気持ちと「絶対に自分が採取した資料から犯人を捕まえたい」という強い思いをもつことができたこと、そして私をはげましながら一から指導してくれた先輩《せんぱい》、上司がいたからこそだと思っています。

その後、犯人逮捕《たいほ》の知らせを受けた時は、ほんとうにうれしかったです。被害者《ひがいしゃ》の無念を晴らすことができたこともそうですが、鑑識係《かんしきがかり》として、事件解決に少なからず貢献《こうけん》できたことでこれまでの苦労が報われたという大きな達成感、満足感を得られたのです。また同時に、大きな試練を乗《の》り越《こ》えたことで、鑑識係《かんしきがかり》としての自信をもつこともできました。

やりがいを感じる瞬間《しゅんかん》

私たち鑑識係《かんしきがかり》は、捜査《そうさ》の表舞台《おもてぶたい》に立つこと

髪一本、ちり一つ見逃さない

はありません。犯人が逮捕《たいほ》されたとしても被《ひ》害者《がいしゃ》から直接お礼を言われることも、ほぼありません。それでも捜査員《そうさいん》から「おかげで犯人を捕まえることができたよ」「逮捕《たいほ》した被《ひ》疑者《ぎしゃ》を取調べてもなかなか認めなかったけど、鑑識《かんしき》が集めた証拠《しょうこ》のおかげで観念して自白したよ。ありがとう」などと声をかけられると、この仕事をやっていてよかったと、やりがいを感じます。

現場で採取した資料の鑑定《かんてい》結果は、被告人《ひこくにん》を有罪にする決め手となることも少なくありません。その資料を採取することができるのは、私たち鑑識係《かんしきがかり》をおいてほかにはいないと自負しています。今後も鑑識《かんしき》という仕事に誇《ほこ》りをもち、現在の知識、技術に満足することなく反省と研究を重ね、一件でも多くの事件解決に貢献《こうけん》したいと考えています。

ミニドキュメント 3 災害現場に駆けつけ救助

災害現場で命の危機にある人を救助する

千葉県警察本部 警備部 第三機動隊
渡邊《わたなべ》穂乃佳《ほのか》さん

被災者《ひさいしゃ》の言葉で警察官を志す

子どものころから「将来は誰《だれ》かの役に立つ仕事がしたい」と思っていました。警察官になりたいと明確に思ったのは高校生の時。修学旅行で東日本大震災《だいしんさい》の被災地《ひさいち》を訪れたさい、被災者《ひさいしゃ》の方から「警察官に助けられてうれしかった」という話を聞いて心が決まりました。

高校卒業後は専門学校の公務員コースを経て、千葉県警察官を拝命したのです。

警察学校を卒業後は市原《いちはら》警察署地域課に着任しました。五井《ごい》駅前交番で約1年半勤務した後、災害発生時の被災者《ひさいしゃ》の救出活動を主な任務とする警備部第三機動隊に異動となりました。これは私の希望が叶《かな》っての異動でした。

第三機動隊勤務を希望するきっかけとなっ

たのは、警察学校時代に、警備の授業で広域緊急援助隊《きんきゅうえんじょたい》の存在を知ったことです。広域緊《きん》急援助隊《きゅうえんじょたい》とは高度な救出救助能力と自活能力をもち、大規模災害発生時に、都道府県を越《こ》えて現場に駆《か》けつけ、迅速《じんそく》・的確な災害警備活動を行う災害対策の専門部隊です。そのなかに男性とともに活躍《かつやく》している女性隊員の存在を知り、あこがれを抱《いだ》きました。それから、当時の上司に「第三機動隊で勤務したい」とアピールし続けました。それだけに異動の発令が出た時はとてもうれしかったです。

救助訓練と整備点検に尽力《じんりょく》

　現在は操車装備《そうび》係の車両班兼広域緊急援助《きんきゅうえんじょ》隊《たい》の特別救助班の一員として勤務しています。日々の仕事は大きく二つあります。一つは特別救助班としての訓練です。午前中は男性救助隊員とともに厳しい救助訓練を行います。たとえば、高さ20メートルほどの訓練塔《とう》に登ってロープを伝って降下する訓練や、はしごを使って高所にいる要救助者を救助する訓練、土砂の下に埋《う》まっている要救助者を救出して搬送《はんそう》する訓練などがあります。時には、山で滑落《かつらく》した要救助者の救助訓練など、警察施設《しせつ》外で行うこともあります。

　訓練では、現場で要救助者を1秒でも早く救助できるように迅速《じんそく》に動くことを意識しています。また、訓練でも一瞬《いっしゅん》の気の緩《ゆる》みや不注意が大けがにつながることから、一つひとつの動作を確認し、今自分がやっている作業を大声でほかの隊員に伝えるなど、安全第一を心がけています。救助現場では隊員全員が同じイメージをもって活動することが何より大切なので、日頃《ひごろ》から、おたがいに意見を出し合うなど、積極的にコミュニケーションを取るようにしています。

車両班の仕事としては、まず朝のミーティングでその日整備する車両台数、順番などの調整、業者との対応などについて情報共有をします。午後からは出動に備えて、部隊活動で使用する特殊《とくしゅ》車両の点検や、ライトやタイヤ交換《こうかん》などの車両の整備、救助で使用する道具の点検などを行います。

もし、災害が発生して救助に出動した時、車両や資機材に不具合が出たら人命救助活動に支障を来たします。そのような事態にならないために、いつ出動命令があってもすぐ現場に駆《か》けつけ、迅速《じんそく》な救助活動ができるように、車両・資機材は細心の注意を払《はら》ってもれなく点検・整備するように心がけています。

これらの仕事以外にも、地元の保育園児が来訪したさい、訓練のようすを見学してもらったり、パトカーやレスキュー車を展示したり、子ども用の警察官制服を着てもらって写真を撮影《さつえい》したりといったふれあい活動もしています。また、地域の各種防災行事に参加したり、お祭りや花火大会などで雑踏《ざっとう》事故防止のための警備も行います。

台風シーズンが忙《いそが》しい

年間でも特に忙《いそが》しいのは6月から11月の台風シーズン。常に気象状《じょうきょう》況を確認しながら、災害発生のリスクがある時はいつでも出動できるように準備を整えたり、いろいろな装備《そうび》品《ひん》の点検整備を重点的に行います。また、防災の日や津波《つなみ》防災の日が近づくと他機関との合同訓練も開催《かいさい》されるので、忙《いそが》しくなります。

訓練や救助活動で使用する資機材は、まず

見上げるほどの高さの訓練棟から降下訓練！

個人携行品《けいこうひん》としてヘルメット、ヘッドライト、眼球保護ゴーグル、革《かわ》手袋《てぶくろ》、肘膝《ちゅうしつ》パッド、ハーネス、命綱《いのちづな》などがあります。そのほかにも、高い場所に取り残された人を救助するためのはしごや転落した人を救助するためのロープ・滑車《かっしゃ》・下降器、車に閉《と》じ込《こ》められた人を救助するための油圧による破壊《はかい》資機材、土砂崩《くず》れなどがあった時には効率よく土砂を排除《はいじょ》できるようにベルトコンベヤや重機を使用することもあります。また、水害に対応した資機材やコンクリートを破壊《はかい》する資機材など多数の装備品《そうびひん》もあります。

災害が発生した時の動き

地震《じしん》・洪水《こうずい》などの自然災害の発生によって警察本部から出動命令が来ると、すぐに多くの資機材を災害対策車に積んで現場に急行します。活動内容は現場によって異なり、誰《だれ》がどのような任務に当たるのかなど、現場の状《じょう》況《きょう》によって決定します。私たち広域緊急援助《きんきゅうえんじょ》隊《たい》は、一部隊の1回の派遣《はけん》による活動時間が72時間以内と定められており、限られた時間のなかで、救助活動に全力を尽《つ》くしています。

すべての救助活動を終えたら帰隊、その後は隊員全員で活動内容について反省・検討を行い、その結果を踏《ふ》まえてつぎの出動に活かせるように訓練を行います。

私たち警察の救助部隊は、人びとの心までをも救う救助部隊をめざしています。具体的には、要救助者や遺族に寄《よ》り添《そ》った活動をするということです。私たちが対応する災害現場では、残念ながら必ずしもすべての生存者を救えない結果となる場合もあります。ですが、遺族の方々は、髪《かみ》の毛一本、爪《つめ》の一片でも帰ってきてほしいと望んでいるのです。もちろん生きて家族の元に帰してあげられるのがいちばん良いのですが、それが叶《かな》わなかった場合でも、犠牲者《ぎせいしゃ》の一部だけでも必ず家族の下に帰してあげたいと心に決めているのです。

仕事のつらい点とやりがい

つらいと思うことはあまりないのですが、あえてあげるとするなら、救助部隊の活動と車両担当の仕事の両立です。どちらも大切な任務のため、予定通りに進めるために、それぞれの部隊、係と連携《れんけい》を取りながら仕事を進めていくことは大変だと感じています。また、救助隊員としては訓練中、体力面でつらいと感じることがたまにあります。しかし、男性隊員に負けてはいられないので、日頃《ひごろ》からキックボクシングのジムに通ったり、トレーニングを積んで体力向上にはげんでいます。

そもそも自分が希望した仕事なので、日々、楽しく働いていています。特に訓練の一連の流れをミスなくできた時や、先輩《せんぱい》隊員に教えてもらったことをちゃんとできた時がうれしいですね。私は人びとの役に立つ仕事がしたいと思って警察官になったので、いろいろな仕事

災害対策車の前で

を通して誰《だれ》かのためになっていると実感できた時が、もっともやりがいを感じる瞬間《しゅんかん》です。

人命救助の仕事には体力が必要不可欠です。将来この仕事に就きたいと思っているみなさんは、今のうちから体力づくりをしておくことをお勧めします。でも、体力に自信がない人も心配ご無用！　警察学校で鍛《きた》えられるので、だいじょうぶです。

やりたい仕事に就くまでにはいろいろと壁《かべ》にぶつかると思います。実は私も一度警察官の採用試験に落ち、陸上自衛隊に就職しました。それでも警察官になることをあきらめず、再度受験し、夢《ゆめ》を叶《かな》えることができたのです。だから、みなさんも夢《ゆめ》をあきらめずに追い続けてください。そして、数ある選択肢《せんたくし》のなかで警察官という職業を選んでいただけたらとてもうれしいです。

ミニドキュメント 4 システムエンジニアの経験を活かしサイバー犯罪捜査

サイバー空間で悪事を働く見えない犯人を追い詰める

警視庁《けいしちょう》 サイバー犯罪対策課
鈴木智宏《すずきともひろ》さん

民間企業《きぎょう》から特別捜査官《そうさかん》に

サイバー犯罪対策課の特別捜査官《そうさかん》として働いています。その前は、22年間、コンピュータシステムを開発するIT企業《きぎょう》でエンジニアとして働いていました。主に担当していたのは、コンピュータをインターネットにつなぐネットワークシステムや国内外のハッカー集団からのサイバー攻撃《こうげき》を防ぐセキュリティーシステムの構築・運用などです。

当時からサイバー攻撃《こうげき》が多かったうえに、IT技術の進歩のスピードはすさまじく、日進月歩どころか秒進分歩。システム設計の時には防御《ぼうぎょ》できていたはずの攻撃《こうげき》が運用開始後は防御《ぼうぎょ》できないといったことも、めずらしくありませんでした。もしサイバー攻撃《こうげき》によって顧客《こきゃく》情報が流出したり、基幹システムが停止したりすると、莫大《ばくだい》なお金が失われるだけでなく、企業《きぎょう》としての社会的信頼《しんらい》も失墜《しっつい》し、甚大《じんだい》な損害を被《こうむ》ることになります。最悪の場合、倒産《とうさん》してしまう危険性もあります。そうならないために、本来提供したいサービスにコストをかけたいにもかかわらず、セキュリティー関連の運用に多くのコストをかけざるをえません。しかし、いくらコストをかけて新しいセキュリティー対策を講じても、攻撃《こうげき》者《しゃ》はさらにそれを上回る攻撃《こうげき》ツールや手法を用いたり、セキュリティーの脆弱《ぜいじゃく》な点を見つけて攻撃《こうげき》してきます。

このような、常に攻撃者《こうげきしゃ》優位で、システム管理・運用者は防戦一方の状況《じょうきょう》を改善したいと思い、サイバー攻撃《こうげき》を防御《ぼうぎょ》するシステムを専門に開発するセキュリティーベンダーに転職を考えました。しかし、よくよく考えると、それでは勤め先が変わるだけで、攻撃者《こうげきしゃ》有利のイタチごっこの悪循環《あくじゅんかん》の状況《じょうきょう》は同じです。ゆえに、そのなかで消耗《しょうもう》して仕事人生を終えるよりは、いつそのこと悪循環《あくじゅんかん》を生み出す大元である攻撃者側《こうげきしゃがわ》を捕まえる仕事のほうがいいかなと思い、ネットでいろいろ調べてみました。

すると警視庁のサイバー犯罪の特別捜査官《そうさかん》の採用枠《わく》を発見。当時45歳《さい》だったので、最後のチャレンジとして応募《おうぼ》、試験に合格し、特別捜査官《そうさかん》になったのです。

サイバー犯罪の捜査《そうさ》

現在はサイバー犯罪のなかでも、高度な技術を使った高度情報犯罪を捜査《そうさ》する課に所属し、日々サイバー犯罪の捜査《そうさ》を行っています。

たとえば、犯人が犯罪に使用したスマートフォンやパソコンなどの証拠品《しょうこひん》を押収《おうしゅう》して、捜査用《そうさよう》の特殊《とくしゅ》な機器・装置《そうち》やソフトを使って解析《かいせき》します。なかに隠《かく》されたデータを抜き出して分析《ぶんせき》し、どのように犯罪に使ったのかを証拠《しょうこ》として書類にまとめます。

また、不正アクセス事件の場合は、被害企業《ひがいきぎょう》のネットワーク機器やコンピュータサービスが1秒間に何千何万と生成する各種通信記録を精査し、IPアドレス（インターネット上の住所）などのネットワーク情報を分析《ぶんせき》。犯人に結びつく手がかりをつかみ取ります。

そのほかにも仕事はいろいろあります。他部署の警察官と同様に書類作成はもとより、被疑者《ひぎしゃ》の行動確認や令状請求《せいきゅう》、家宅捜索《そうさく》、逮捕《たいほ》することもあります。サイバー犯罪特別捜査官《そうさかん》だからといって、室内にずっとこもってパソコンや押収《おうしゅう》したスマホなどの解析《かいせき》だけしているわけではないのです。

私も実際に犯人の自宅に行って逮捕《たいほ》したこともあります。現場では一捜査員《いちそうさいん》として、サイバーのスキルを活かしつつ、現場の証拠《しょうこ》関係なども確認しながら、逮捕状《たいほじょう》を執行《しっこう》します。

サイバー犯罪の場合、インターネット上で起きているので目撃者《もくげきしゃ》もいませんし、犯人のパソコンが踏《ふ》み台《だい》などに利用されている可能性などを考慮《こうりょ》してより慎重《しんちょう》に対応しています。

バーチャルとリアルを行き来する

サイバー空間で行われる犯罪は誰《だれ》が、どこから、どのように行ったのかが見えづらいので捜査《そうさ》も困難を極めます。

たとえば、犯人が企業《きぎょう》のコンピュータシステムに不正アクセスし、重要な情報を盗《ぬす》み、

同僚と連携して捜査を進める　取材先提供

漏洩《ろうえい》させたとします。一般的《いっぱんてき》には、コンピュータシステムはログという通信の記録を保存しているので、その情報から不正アクセス元のIPアドレスを確認し、どこから接続されたのかを捜査《そうさ》する必要があります。ただ、その犯行状況《じょうきょう》を録画した映像記録があるわけではないので、判明した契約者《けいやくしゃ》が犯人であるとは限りません。インターネットカフェのように不特定多数の人が利用する場所から犯行におよんだ可能性もあります。

ではどうするか。たとえば犯人の目的がお金なら、その企業《きぎょう》から盗《ぬす》んだ重要情報を売却《ばいきゃく》して得たお金を銀行で引き出す場合もあるので、その場合には銀行の防犯カメラを確認して犯人を特定、逮捕《たいほ》します。このように、サイバー空間という仮想世界とリアルな実生活の世界を緻密《ちみつ》にリンクさせて捜査《そうさ》することがとても重要。サイバー空間のほうだけにとらわれていたら、犯人にはたどり着けないのです。これがサイバー犯罪捜査《そうさ》ならではの特徴《とくちょう》であり難しい点でもあります。

「捕まえてくれてありがとう」

サイバー犯罪捜査《そうさ》にたずさわるようになって間もないころ、他人名義のクレジットカードを使用して商品を購入《こうにゅう》したり、旅行や飲食をした犯人を電子計算機使用詐欺罪《さぎざい》で逮捕《たいほ》しました。その時、犯人から突然《とつぜん》「僕《ぼく》を捕まえてくれてありがとうございます」とお礼を言われたのです。

犯人が捕まえた私にお礼を言うなんて何のことだかわからなかったのですが、その犯人は日本人の20代男性で、自分でもこんな悪いことはもうやめようと思いつつも、一度自分のお金を使わずに何でも買えたり遊んだりできるという味をしめたらそれに抗《あらが》えず犯行をくり返していたので、「止めてくれてありがとう」ということでした。

私たちの仕事は犯人を逮捕《たいほ》して送検することとはいえ、その犯人もまた人間です。その人間が犯した罪を反省して更生《こうせい》しようという気持ちになってくれたのです。この一件によって、私たちには罪を犯した人間のこれからの人生をよりよい方向に変える力もあると実感しました。この時、大きなやりがいを感じ、警察官になってよかったと思いました。

サイバー犯罪捜査員《そうさいん》としてはまだまだ道半ばだと考えています。サイバー犯罪の手口も日々進化し、難解な事件も増えています。さまざまな領域があるIT技術のすべてを一人で習得して活用するのは不可能なので、それぞれ異なる強みをもった捜査員《そうさいん》同士が連携《れんけい》してフォローしあい、成果を出せるチームづくりが必要。その時、ほかの捜査員《そうさいん》の誰《だれ》も経験していないことを体験しているのは私の武器や強みになると思っています。今後は、たとえばメタバースのようなサイバー犯罪に使用されるかもしれない新しい技術をいち早く経験して、捜査《そうさ》に取り入れていきたいと考えています。

好きこそものの上手《じょうず》なれ

中高生の今、将来の目標ややりたいことがないという方も多いと思いますが、まったく問題ありません。その代わり、学生のあいだに興味のあることに情熱を燃やしてとことん突《つ》き詰《つ》めてほしい。そうすれば「好きこそものの上手《じょうず》なれ」で、その先に人生を懸《か》けてやりたい仕事が見えてきて、結果的に天職になるかもしれません。

今はIT技術を手軽に習得できる時代です。新しい技術の習得は若ければ若いほどいい。そんな環境《かんきょう》に育った若いみなさんがITスキルを身につけて、いっしょに次世代のサイバー犯罪捜査《そうさ》をできる日を楽しみにしています。

よりよいネット社会のために尽力している鈴木さん

収入と生活・将来性

諸手当が多く高収入 女性が働きやすい制度が充実

安定かつ高収入

警察官の給料は、学歴、継続《けいぞく》勤務年数、階級、所属する組織によって異なる。そのため、年収も人によってかなり違《ちが》う。ここでは２０２２年度の「地方公務員給与《きゅうよ》実態調査」をもとに、警察官の収入について紹介《しょうかい》しよう。

まず、ひと月当たりの平均給料は32万５９８７円、諸手当が13万９６９２円で、両者を合計した給与《きゅうよ》は46万５６７９円となる。

賞与《しょうよ》の平均が期末手当96万０５９９円＋勤勉手当75万３１７８円の１７１万３７７７円なので、平均年収は46万５６７９円×12カ月＋１７１万３７７７円＝７３０万１９２５円となる。

この数字を見て多いと感じる読者も多いだろう。実際にほかの地方公務員よりも多い。その大きな理由は時間外勤務手当や宿日直手当などの諸手当が多いからだ。長時間勤労、不規則な生活、時には身の危険をも感じる仕事ということから、多いと感じるか、少ないと感じるかは人それぞれだろう。

先ほどあげた給与額《きゅうよがく》はあくまでも平均値なので、初任給を見てみよう。千葉県警の場合、大学卒が24万7119円、短大卒が23万1504円、中学・高校卒が21万3049円で、採用1年後の平均月収がそれぞれ約34万円、32万円、29万7000円となっている（2023年度現在）。大企業《だいきぎょう》の大卒の初任給の平均額が約21万6000円なのでやはり民間と比べても多めだし、特に採用1年後の月収は非常に多いといえるだろう。

安心して生活できる環境《かんきょう》

実際に警察に就職してからはどのような生活になるか、千葉県警を例に見てみよう。採用試験に合格した人は全員警察学校に入学する。全寮制《ぜんりょうせい》なので、大卒は6カ月間、高卒は10カ月間、学校内にある寮《りょう》で同期たちとの集団生活を送る。

卒業後は警察署に配属されて晴れて警察官としての第一歩を踏《ふ》み出《だ》す。ほとんどの人は地域課に配属され交番勤務になるので交代《こうたい》制勤務となり、8時30分から翌日の8時30分までの当番→非番→週休をくり返す。週休は3週6休だ。

警察署の捜査員《そうさいん》は毎日勤務で定時は午前8時30分から午後5時15分、休日は主に土・日曜日で、4週8休のほぼ完全週休2日制だ。

警察学校卒業後も有事のさいは即《そく》臨場しなければならないので、原則的に全員県内各所に多数設けられた独身寮《どくしんりょう》や職員住宅に入る。寮《りょう》なら家賃も安く抑《おさ》えられるし、近くに同僚《どうりょう》や先輩《せんぱい》もいるから心強いなど多くのメリットがある。

通常の賃貸物件に住む場合でも住居手当が一定額支給されたり、マイホームの購入《こうにゅう》を考えている人のための貸付制度があるなど、職員個々の環境《かんきょう》・ライフスタイルに応じた柔軟《じゅうなん》な制度になっている。

警察署内で働く場合は毎日勤務で休日は週2日

休暇《きゅうか》も、年次休暇《きゅうか》が年間20日間、特別休暇《きゅうか》として夏季休暇《きゅうか》が6日間、結婚休暇《けっこんきゅうか》が連続7日間以内、介護《かいご》やボランティアに関する休暇《きゅうか》など、さまざまな制度がある。休日には、各自が旅行・スポーツ・資格取得など好きなように時間を使える。ただし仕事の性質上、重大な事件・事故や災害が発生した場合のために、上長に所在を明らかにすることが義務づけられている。

転勤が多いのも警察の特徴《とくちょう》だ。本人の希望や実績、家庭環境《かんきょう》などを考慮《こうりょ》し、本人の意欲と公務能率の向上を目的として定期的に行われている。また、本人の希望、努力しだいでは海外勤務（在外公館勤務）や他官庁への出向（警察庁、千葉県庁など）もある。

女性も働きやすい職場

警察はその職務の性質上、依然《いぜん》男性職員のほうが圧倒的《あっとうてき》に多い。しかし近年、全国の都道府県警察では女性警察官の採用を拡大しているため、女性警察官が増加傾向《けいこう》にある。いうまでもなく、昇任《しょうにん》や職種、待遇《たいぐう》などで男女の差はない。女性職員としてその人それぞれの能力や視点を活かす分野が多くあり、女性の警察官の働きはいっそう重視されている。

採用されて間もない職員でも、先輩《せんぱい》女性警察官がサポートしてくれるので、安心して勤務できる環境《かんきょう》といえる。今回取材したある女性警察官も「女性だから働きにくいと感じたことは一度もない」と語っていた。

出産・育児支援《しえん》制度も充実《じゅうじつ》している。つわり休暇《きゅうか》が14日以内、出産休暇《きゅうか》が出産予定日以前8週間、産後8週間、育児参加（男性）が出産予定日以前8週間、産後1年を経過するまでの期間で7日以内、育児休業は男性・女性ともに子どもが3歳《さい》になるまで取得可能、小学校就学前までの育児短時間勤務制度などがある。そのため仕事と家庭を両立させている先輩《せんぱい》がたくさんいる。

別の女性警察官は子どもを3人生み育てており、仕事と家庭の両立がしやすいから女性が長く働ける職場だと話していた。

より女性が働きやすい職場づくりは千葉県警だけではなく、全国の都道府県警察も同じく注力している。

千葉県警察学校での指導風景。各都道府県警では女性警察官の採用枠を増やしており、多くの女性職員が現場で活躍している

福利厚生も充実《じゅうじつ》

そのほか、病気やけがをした場合には、共済組合保険制度により一定の負担で治療《ちりょう》が受けられる。また、全職員を対象に、毎年1回の定期健康診断《しんだん》を実施《じっし》するとともに、各種相談体制を整えるなど、心と体の健康管理をサポートしている。

全国各地の旅館やホテル、スポーツクラブ、レジャー施設《しせつ》の助成が受けられるほか、割引料金でスポーツ観戦や映画館の利用も可能。

結婚《けっこん》した時、子どもが生まれた時などライフステージにおいて給付金が支給される。また、受給期間や積立額を自分で設定できる個人年金制度もある。

クラブ活動も盛《さか》んで、野球やフットサル、サーフィンや釣《つ》り、軽音楽などさまざまなクラブがある。休日を楽しく有意義に過ごせるだけではなく、ふだんの勤務では接することのない部署や階級の職員とも交流できる。

このように、警察は福利厚生も充実《じゅうじつ》している。

これからの警察

近年、社会情勢の急激《きゅうげき》な変化、国際犯罪組織や国際テロ組織の犯罪の急増などにともない、警察はさまざまな課題をかかえている。警察の使命である治安の維持においても、2022年の刑法犯《けいほうはん》認知件数の総数は、20年ぶりに前年比増加となり、「ここ10年で日本の治安は悪くなった」と回答した国民の割合も半数以上を占《し》めている。

たとえば、特殊詐欺《とくしゅさぎ》は認知件数、被害額《ひがいがく》がともに前年より増加。また、一般《いっぱん》住宅や店舗《てんぽ》に押し入り多額の現金や貴金属などを強奪《ごうだつ》する強盗《ごうとう》事件が広域で発生するなど、国民に不安を与《あた》えるような事件が相次いで発生している。しかも、これらの犯罪行為《こうい》はSNSで実行犯を募集《ぼしゅう》する手口により、10～20代の若者が実行犯というケースが少なくない。サイバー犯罪も、ランサムウェア（感染するとコンピュータなどに保存されているデータを暗号化して使用できない状態にしたうえで、そのデータを復号する対価として金銭や暗号資産を要求する不正プログラム）による被害《ひがい》が広範《こうはん》におよんでいるほか、特定の国家を背景にもつ集団によるサイバー攻撃《こうげき》も確認されているなど、きわめて深刻な情勢が続いている。

このような新しい治安課題に対応するため、警察内外からの多彩《たさい》な人材の採用や体制の整備などが求められている。たとえば、高度なITスキルをもった人材の確保・育成や、近年急速に進展しているAI（人工知能）も含《ふく》めた先端《せんたん》技術の活用などによる警察活動の高度化もいっそう進めていかなければならないだろう。特に子どものころからスマホやインターネットに親しんできた今の高校生や大学生は警察にとっては心強い人材となるだろう。

Column

警察のいろいろな仕事②

■水上警察隊

海に面したり、大きな湖を有する県のなかには、水上での警察業務を担当する水上警察隊や水上警察業務に特化した水上警察署を設置している警察本部もある。そのなかの一つ、千葉県警察本部の水上警察隊を例にその仕事内容を紹介しよう。始まりは1957年「千葉警察署水上警部補派出所」。その後幾度《いくど》かの名称改編を経て、1997年4月に、水際における犯罪対策の強化を図る目的で、陸上の管轄《かんかつ》をもたない全国初の本部執行隊《しっこうたい》「地域部水上警察隊」として発足。現在に至っている。

千葉県警の水上警察隊には現在、4隻《せき》の警備艇《けいびてい》が配備されており、水上パトロール、水難者の捜索《そうさく》・救助、密入国・密輸、密漁事犯などの水上犯罪の取締《とりしま》り、災害発生時の捜索《そうさく》・救助、輸送などの任務を遂行《すいこう》している。そのため水上警察隊の隊員は日々、潜水《せんすい》や水難救助など、水上警察業務に特化した厳しい訓練を行っている。

これまで、河川氾濫時《はんらんじ》の多くの被災者《ひさいしゃ》の救助や、凶悪《きょうあく》事件の犯人が河川に投棄《とうき》した凶器《きょうき》などの証拠品《しょうこひん》

千葉県警察提供

の発見、河川での行方不明者の遺体の発見、収容など、数々の成果を上げている。

水上警察隊には、警察官のほか、船を操作する専門の職員（船舶《せんぱく》職員）が配属されている。警察官として水上警察隊に入隊するには、外国人と対応する機会が多いこともあり、英語をはじめとする外国語が話せることが要件となる。まず水上警察隊への入隊を希望し、語学の選考試験を受けて合格すれば警察組織内で語学教養を受けることができる。そのため、すぐに外国語を話すことができなくても問題ないが、今のうちから語学への苦手意識はなくしておいたほうがいいだろう。

■留置施設《しせつ》係官

全国の警察本部や警察署には、逮捕《たいほ》した容疑者の逃亡《とうぼう》や証拠隠滅《しょうこいんめつ》を防ぐため、検察に送致《そうち》するまで勾《こう》留《りゅう》しておく留置施設《しせつ》がある。通常、警察署の2階以上の階に設置され、冷暖房《れいだんぼう》も完備されている。部屋《へや》の中には畳《たたみ》やじゅうたんが敷《し》かれており、トイレは周囲を壁《かべ》で囲ったボックス型となっている。そんな留置施設《しせつ》の担当係員は交代で24時間体制で看守しているほか、食事、洗濯《せんたく》、入浴、運動など日常生活の世話や容疑者の護送などを行う。また容疑者の行動に目を配り、留置施設《しせつ》の平穏《へいおん》を保つことも重要な職務だ。

■警察犬担当官

警察犬は人間の4000〜6000倍といわれる鋭《するど》い嗅覚《きゅうかく》で、地面に残った靴《くつ》のにおいと人の体臭《たいしゅう》を感知。すぐさま犯人を追跡《ついせき》、麻薬《まやく》や爆発物を発見、犯人発見時には飛びかかり動きを封《ふう》じたりと、事件解決に大きく貢献《こうけん》している。そんな警察犬の日常の世話や訓練、出動要請《ようせい》がかかったさいに臨場しいっしょに捜査《そうさ》活動を行うのが、各都道府県警察本部の刑事部鑑識課《けいじぶかんしきか》の警察犬担当官だ。

警察犬担当官になるためには、まず警察官になった後、研修や試験を受け、所轄署《しょかつしょ》の刑事課《けいじか》の鑑識係《かんしきがかり》になる。警察犬は各都道府県の警察本部でしか運用されていないので、本部の刑事部鑑識課《けいじぶかんしきか》に配属される必要がある。

3章

なるにはコース

適性と心構え

人のために働きたいこの気持ちさえあれば適性あり

つらい仕事でも耐《た》えられる理由

これまで紹介《しょうかい》してきたように、地域、刑事《けいじ》、生活安全、交通など、警察にはさまざまな職種があるが、どれ一つとして楽な仕事はない。どの職種も出動指令が下れば何時であろうとすぐ現場に向かわなければならないし、時には凶器《きょうき》を持った犯人と対峙《たいじ》しなければならない。毎日床《ゆか》にへばりつき、目を皿《さら》のようにして犯人逮捕《たいほ》につながる証拠《しょうこ》を探しているのになかなか見つからなかったり、靴底《くつぞこ》がすり減るほど歩き回っているのに有力な手がかりがつかめない、ということもある。立て続けに事件が起これば満足に休めないこともあるし、市民のためと思ってがんばっているのに、その市民から罵声《ばせい》を浴びることもある。

しかし警察官は心が折れることなく仕事を続ける。彼らを支えているのは、国民の生命や財産、安全・安心な暮《く》らしを守るという使命感と、私利私欲のために無辜《むこ》の民を悲しませる悪を許さないという正義感だ。

もちろん、体力や精神力はあるに越《こ》したことはないし、個々の職種には必要とされる資質や能力があるが、この気持ちさえもちあわせていれば警察官としての適性はあると断言できる。逆に、これがなければどんなに有能・優秀《ゆうしゅう》でも警察官として長く働くことは難しいだろう。このことを、これまで取材してきた多くの警察官が異口同音に語っている。

だから「警察官になりたいけど体力がないし……」と不安になる必要はまったくない。警察官採用試験の体力検査をクリアできる程度の体力さえあれば問題ない。体力は警察学校で鍛《きた》えられて嫌《いや》でもつく。人のために働きたい、困っている人を助けたいという気持ちがあれば迷わず警察官を志望してほしい。

もちろん、警察官になると決めている人や体力にまったく自信がない人は学生のうちから体育系の部活に入っておくとのちのち楽だろう。もう一つ、警察の仕事はすべてチームで行うし、住民との他愛のない会話、職務質問、聞《き》き込《こ》み、事情聴取《ちょうしゅ》、取調べなど、人と話すことが仕事の要だといっても過言ではない。ゆえにすべての職種でコミュニケーション能力が必要不可欠。自分は、いわゆる「コミュ障」だと感じている人は、学生のうちからいろいろな人と話すようにしておくとよいだろう。

採用試験

47都道府県にある警察本部が実施

説明会や職場体験会に参加しよう

警察官には、警察庁で働く国家公務員と警視庁や千葉県警察本部などの都道府県警察で働く地方公務員の2種類ある。ここでは警察官の9割以上を占める都道府県警察の警察官の採用について見ていこう。

警察官になるためには、各都道府県が実施《じっし》している警察官採用試験を受験しなければならない。まずは採用に関する情報が記載《きさい》された資料を入手しよう。直接都道府県警察本部や各警察署・交番などに行って入手したり、郵送での請求《せいきゅう》、インターネットからダウンロードもできる。熟読したうえで、採用試験に申《もう》し込《こ》もう。警視庁の場合は受付はインターネットのみだが、ほかの都道府県警察は郵送可のところも多い。

試験内容はだいたい同じだが、受験日・採用人数・採用条件などは各都道府県によって異なるので、就職したい自治体の警察官採用案内や警察署のホームページを確認しよう。また、ほとんどの自治体は説明会やセミナー、職場体験会を実施《じっし》している。第一線で活躍《かつやく》している警察官から仕事の内容ややりがい、魅力《みりょく》などを直接聞けたり、交番勤務や白バイ、パトカー乗車、指紋《しもん》採取の体験ができる会もある。警察官として働くイメージが湧《わ》くし、その都道府県警察にしかない仕事もあるので積極的に参加しよう。

試験は1次と2次の2回

2023年度の警視庁の警察官採用を例におおまかな流れを紹介《しょうかい》しよう。採用予定人員は1100名。毎年全国から募集《ぼしゅう》しており、日本国籍《こくせき》をもって受験資格条件を満たしていれば日本全国どこに住んでいても受験できる。これはすべての都道府県警察でも同じで、今住んでいる自治体と関係なく好きな警察本部の採用試験を受けることができる。

受験資格者はⅠ類（大学卒業程度）とⅢ類（高校卒業程度）の二つある。Ⅰ類は35歳《さい》以下で大学を卒業または2024年3月までに卒業見込《みこ》みの人、もしくは21歳《さい》から35歳《さい》までで大学卒業程度の学力を有する人。Ⅲ類は35歳《さい》以下で高校を卒業または2024年3月までに卒業見込《みこ》みの人、もしくは17歳《さい》から35歳《さい》までで高校卒業程度の学力を有する人、となっている。試験は年に3回実施《じっし》されており、第1次試験と第2次試験を経て合否が決まる。試験会場が複数あるので、必ず受験票で自分の試験会場を確認しよう。

第1次試験は警察官として必要な一般《いっぱん》教養および政治、社会、法律、経済などの知識について、試験の類別に応じた筆記試験を行う。結果は試験終了《しゅうりょう》約2週間後に郵便で届く。通過したらいよいよ最終の第2次試験だ。面接、身体検査、体力検査などを行う。試験内容の詳細《しょうさい》は図表5、6を見てほしい。採用サイトに過去に出題された問題が掲載《けいさい》されているのでダウンロードして勉強しよう。

合否発表

合否の結果は第2次試験終了《しゅうりょう》の約70日後に警視庁採用サイトに合格者の受験番号が掲載《けいさい》される。警視庁は110番受理件数、事件発生件数ともに全国でもずば抜《ぬ》けて多いため、採用予定人員も1100名とその多さは全国

図表5 第1次試験

試験科目		内容
警察官として必要な一般教養および政治、社会、法律、経済などの知識について、試験の類別に応じた筆記試験を行います。		
筆記試験	教養試験	出題分野の内容は、おおむね次の通りです。【五肢択一式、50題、2時間】 〈知能分野〉文章理解、判断推理、数的処理、資料解釈、図形判断 〈知識分野〉人文科学、社会科学、自然科学、一般科目（国語、英語、数学）
	論（作）文試験	課題式の論（作）文試験を行います。【1題、1時間20分】
	国語試験	職務に必要な国語力について試験を行います。【五肢択一式、50題、20分】
資格経歴などの評定		所持する資格経歴等についての評定を行います。 （申請方法等はこの案内の「6『資格経歴等の評定』について」を参照してください）
第1次適性検査		警察官としての適性について、記述式などの方法により検査を行います。

出典：警視庁ホームページ「令和5年度警視庁採用ガイド」

トップクラス。その内訳は男性警察官がⅠ類570名、Ⅲ類200名、女性警察官がⅠ類230名、Ⅲ類が100名となっている。

首都東京の治安を守る警視庁は人気が高く、全国から受験希望者が殺到《さっとう》する。2022年度は男性警察官の場合、Ⅰ類が受験者数5379人に対して合格者数886人、Ⅲ類が2492人に対して243人。女性警察官は、Ⅰ類が受験者数1942人に対して合格者数261人、Ⅲ類が933人に対して148人と狭《せま》き門となっている。

ただ、人びとの生命や財産、安心・安全な暮《く》らしを守るという警察官としての使命・仕事はどこに行っても変わることはない。受験日が重ならなければ複数の自治体の警察官採用試験を受けられるので、警察官をめざす人は全国の都道府県警察の採用試験日程をよく調べよう。

図表6 第2次試験

試験科目	内容	
面接試験	人物についての面接試験を行います。	
身体検査	警察官としての職務執行上、支障のある疾患の有無などについて検査を行います。	
	検査内容	視力検査、色覚検査、聴力検査、運動機能の検査、医師の診察、身長測定、体重測定、レントゲン検査、血液検査（貧血検査、肝機能検査、血中脂質等検査、血糖検査）、尿検査
	次表のすべてを満たすことが必要です。	
	項目	内容
	視力	裸眼視力が両眼とも0.6以上、または矯正視力が両眼とも1.0以上である。
	色覚／聴力	警察官としての職務執行に支障がないこと。
	疾患	警察官としての職務執行上、支障のある疾患がないこと。
	その他身体の運動機能	警察官としての職務執行に支障がないこと。
体力検査	職務執行上必要な体力の有無について検査を行います（種目は変更する場合があります）。	
	種目	腕立て伏せ、バーピーテスト、上体起こし、反復横跳び
第2次適性検査	警察官としての適性について、記述式などの方法により検査を行います。	

出典：警視庁ホームページ「令和5年度警視庁採用ガイド」

警察学校

警察学校での初任科教育 警察官としての基礎を身につける

集団生活・共同訓練で絆《きずな》が育まれる

警察官採用試験に合格した人全員が入るのが警察学校だ。警察学校とは警察官を育成するための職業訓練学校。全寮制《ぜんりょうせい》で、大卒は6カ月間、高卒は10カ月間、仲間と寝食《しんしょく》をともにしながら、警察官として働くための基礎的《きそてき》なことを学ぶ。身分は学生だが、初任科と呼ばれる期間で、入学した瞬間《しゅんかん》、警察官となり、給料が支払《しはら》われる。

千葉県警と警視庁の警察学校を例に、スケジュールや学ぶ内容などを紹介《しょうかい》しよう。警察学校では、クラスのことを「教場」といい、正担任と副担任がペアになって教官として一つの教場を担当している。1クラスは約30名。そのなかでさらに数名の班ごとにグループが分けられ、課題などはこの班ごとに行う。

警察学校の一日は、規則正しい時間割で、警察官として最低限必要な一般《いっぱん》教養、警察実務、法学、術科などのカリキュラムが組まれている。詳細《しょうさい》はミニドキュメント5を読んでほしい。体力に自信がない、あるいは武道の経験がないという人も心配無用。体力は毎日の訓練で必ずアップする。武道も術科で稽古《けいこ》にはげむことで、未経験者や初心者でもほぼ全員卒業までに初段を取得している（図表7、8、9）。

図表7　警視庁警察学校のある日のスケジュール

6:00	起床
6:30	点呼
7:30	朝食
8:30	ホームルーム
8:45	1時限目 講義
10:20	2時限目 教練
11:40	昼食・休憩
12:40	3時限目 逮捕術
14:15	4時限目 拳銃操法
15:50	5時限目 軽スポーツ大会
17:15	終業
18:00	夕食
19:00	入浴・自由時間
22:00	点呼
22:30	消灯

出典：警視庁ホームページ「令和5年度警視庁採用サイト」より作成

警察学校と聞くとまったく自由のない監獄《かんごく》のようなところだとイメージする人も多いかもしれないが、決してそんなことはない。携《けい》帯《たい》電話やスマートフォンも平日の決められた時間や休日は使用することができる。また、完全週休2日制で、入校から2週間後には金曜の夜から日曜の夜に帰校するまで外出泊《がいしゅっぱく》が可能となる。土日や祝祭日の休日には実家でのんびりしたり、仲間と旅行に出かけたりと、プライベートな時間を楽しめる。また、文科系から体育系までさまざまなクラブ活動を楽しめる警察学校も多数存在する。

とはいえ警察学校に入学した瞬間《しゅんかん》から多くのルールに縛《しば》られる集団生活、朝から夜までびっしりの授業、厳しい訓練、たくさんの課題など、これまでの自由な生活が一変するので、ほとんどの学生は面食らってしまう。しかし、それも最初のうちだけですぐに慣れると多くの警察官はふり返る。卒業するころにはほとんどの学生が顔つきや体つきから心構えまで一変しているという。時にはつらく挫《くじ》けそうになることもあるが、仲間同士はげまし、支え合って乗《の》り越《こ》えられる。これまで取材した多くの警察官も、「同じ使命感をもち、いっしょに厳しい訓練を乗《の》り越《こ》えた同期が一生の友人になっている」と語っている。このような魂《たましい》と魂《たましい》が結びつくような強い絆《きずな》は営利目的の民間企業《きぎょう》ではなかなかもてないだろう。

警察学校は一度入って卒業したら終わりではない。各警察署に配属されて3カ月間勤務した後、また警察学校に戻《もど》る。大卒は2カ月、高卒は3カ月、現場で得た経験をもとに再度勉強し、パワーアップしてまた現場へと戻《もど》っていくのだ。

図表8　警視庁警察学校のカリキュラムの例

一般教養	**職務倫理**　**OA実習**　国語　など
法学	**憲法**　**行政法**　刑法　刑事訴訟法　など
警察実務	**地域警察**　**交通警察**　**警備警察**　**刑事警察**　**生活安全警察** 組織犯罪対策　**警務一般**　**その他実務知識**　など
術科	**体育**　教練　柔道／剣道（女性は合気道も）から選択 逮捕術　救急法　拳銃操法　など
その他	警察署での実務修習（現場実習）　**各種行事**

太字は警察官・警察行政職員共通

出典：警視庁ホームページ「令和5年度警視庁採用サイト」より作成

図表9 警視庁警察学校の主な施設

講堂	収容能力1500人。入校式、卒業式などの各種式典のほか、講話や授業、表彰式、あるいは警視庁全体の行事が行われ、多目的に活用している。
食堂	1階は700席、2階は500席あり、栄養士が考えた栄養バランスの良い、安価でおいしい食事がとれる。ご飯は、おかわり自由。
図書室	警察関連の書籍をはじめ、小説、雑誌などの一般図書も豊富に所蔵しており、蔵書数は約2万5000冊にもおよぶ。また、図書室2階部分は、資料室として写真パネルや記念品など警視庁警察学校の歴史を学べるようになっている。
道場	ひとつの道場の広さは288畳。柔道場、剣道場はそれぞれ2カ所ある。逮捕術、合気道専用道場もあり、道場の総面積は1728畳で日本武道館の約1.4倍の広さを誇る。
体育館・プール・グラウンド	体育などの授業で使用する体育館、プール、グラウンドも充実している。体育館の広さは1243平方メートルで、公式競技用（バスケットボール、バレーボール）に使用しても2面取れる。また、プールは25メートル7コース。水温は、年間を通じて28度に設定されており、冬季でも使用可能。1周400メートルトラックを有するグラウンドは、体育祭をはじめ体育の授業やふだんのジョギングなどに使用し、休日にはサッカーやソフトボールで余暇を楽しむ学生も多い。
寮（学生棟）	学生棟の中に学生たちの生活の場である寮がある。個人で使用する居室は、1室7平方メートル（約4畳）で、男性寮1909室、女性寮310室を完備。また、班単位で勉強する部屋である学習室は、全部で370室ある。
トレーニングルーム・浴場	学生棟には、トレーニングルームがあり、課外の時間になると、多くの学生が体を鍛えている。そのとなりに一度に男性浴場で約260名、女性浴場で約40名が入浴できる大浴場があり、汗をかいた後に浴場に浸かって一日の疲れを取る。
売店・診療所	文房具をはじめ、生活必需品を購入するための売店や急な発熱・けがどにも十分対応できる診療所も完備。

出典：警視庁ホームページ「警視庁警察学校」より作成

ミニドキュメント 5 警察学校で警察官を育成

教官として、誇りと使命感をもって働く警察官を育てる

千葉県《ちばけん》警察本部《けいさつほんぶ》 警察学校《けいさつがっこう》
蛭川千絵美《ひるかわちえみ》さん

地下鉄サリン事件をきっかけに

警察官になりたいと思ったいちばんのきっかけは、中学3年生の時に発生した地下鉄サリン事件です。警察の機動隊が宗教団体の施《し》設《せつ》に突入《とつにゅう》する映像をテレビで見た時、警察官が体を張って日本を守ってくれているんだとわかり、あこがれと尊敬の念を抱《いだ》きました。

大学3年の就職を考える時期になった時、将来結婚《けっこん》して子どもを産んでも働ける仕事がしたいと思ったこともあり、生まれ育った千葉県で警察官になろうと千葉県警察官採用試験を受け、合格することができました。

警察学校を卒業後は、木更津《きさらづ》警察署地域課での交番勤務から始まり、警察署や県警本部で、刑事《けいじ》、生活安全、警務と20年ほどさまざ

まな部門の仕事を経験した後、教官として警察学校に赴任《ふにん》しました。

警察学校とは、新たに採用された警察官が現場で働くために必要な基本的な知識・技術・体力などを修得するところです。警察学校では、クラスのことを「教場《きょうじょう》」と呼んでいます。千葉県警察では正担任と副担任がペアになって一つの教場を担当しています。

私は正担任として30名ほどの学生を受けもっています。主な一日の仕事内容を紹介《しょうかい》します。8時30分からホームルームがあり、学生に指示事項《じこう》を伝達したりワンポイント教養を実施《じっし》したりします。

その後、8時50分から授業が始まります。1時限80分で5時限まで。担当授業は「生活安全」と「総務・警務」です。生活安全の授業では、少年事案、DV、ストーカー、男女間トラブル、児童虐待《ぎゃくたい》など、これまで実際に警察官としてたずさわってきた分野について教えています。まずは座学から始め、卒業前には現場を想定した実践的《じっせんてき》な授業も行います。

たとえば、ストーカー対応要領では、教官の私がストーカー役、学生が被害者役《ひがいしゃやく》と警察官役となり、実際の対応方法を教えます。いろいろな場面を想定して訓練を行うことで、学生も現場での対処の仕方をより具体的に考え、理解することができるのです。

総務・警務の授業では、警察の組織や階級、懲戒《ちょうかい》、服務、休暇《きゅうか》、警察相談、被害者支援《ひがいしゃしえん》など警察の組織や業務の基礎《きそ》を教えています。

授業のさいには、学生たちが現場に出て、迷うことなくすぐに活躍《かつやく》できるようにと願いつつ、指導にはげんでいます。

私は、一日平均1、2時限程度、授業を受

けもっています。それ以外の時間は、点検教練（警察手帳や警棒などの携帯品《けいたいひん》の点検動作や全員が動作を一致させる行進などで団体行動を身につける訓練）や逮捕術《たいほじゅつ》、拳銃《けんじゅう》訓練など、担当以外の授業にも参加して、学生のようすを確認しています。

そのほか、授業終了《しゅうりょう》後の課外の時間に、学生寮《がくせいりょう》を見回ることもあるので、帰宅が遅《おそ》くなることもあり、忙《いそが》しい日々を過ごしています。

厳しさと優しさで指導に当たる

担当教場の学生とは随時《ずいじ》個別面接を行っているのですが、そのさいに相談を受けることもあります。また、学生が日々の思いを書く記録ノートを読んで、心配な学生にはこちらから声をかけて話を聞くこともあります。私は教育者でも心理学を専攻《せんこう》したわけではないので、これまでの警察官としての自分の経験から学生に役立つと思う話をしています。

また、特に入校して間もない学生たちには、早く警察官としての自覚をもたせるため、あえて厳しく指導しています。警察学校に厳しいイメージをもつ方も多くいると思いますが、すべては警察学校を卒業して警察官として現場に出た時のことを考えてのこと。現場では何が起こるかわからず、想像以上に厳しい現場もあるので、生半可な気持ちでは務まらないのです。

しかし、教官という立場であっても自分が担当する教場の学生には愛着が湧《わ》いてきます。かといって、厳しく指導できなかったりするようでは教官として失格です。また、「こんなことを言って嫌《きら》われたらどうしよう」などという気持ちでは学生のためにもならないので、心を鬼《おに》にしてあえて厳しいことも言うようにしています。

ただ、学生を指導した後に、「ほんとうにこのタイミングと言葉でよかったのか、本人はどう受け止めたか」と自問自答することもあります。また、教官の指導の結果はすぐに出るものではありません。警察学校では成績優秀《ゆうしゅう》だったけれど現場に出たら壁《かべ》にぶつかってしまう学生もいれば、その逆もあります。

教官としては、県民のために活躍《かつやく》できる警察官を育成することがいちばん重要な使命ではありますが、自分の指導がほんとうに正解だったのか、その答えが見えるのはずっと先なのかもしれません。

また、わずか6カ月や10カ月の入校期間ではとても警察業務のすべてを教えきることはできません。学生も入校中は、多くのことを

担当教場で指導にはげむ蛭川さん

学び修得する必要はありますが、全部を詰《つ》め込《こ》もうとしてもなかなか思うようにはなりません。ですので、私が重視しているのは、現場に出てからも成長していける警察官に育てること、そのための基礎《きそ》をつくってあげることと、厳しい勤務にも耐《た》えうる体や、現場でつらいことや困難なことがあっても逃《に》げない強い心をもたせることを信念に指導しています。強さがなければ県民の命を守るという厳しい職務は遂行《すいこう》できませんから。

卒業後は配属先の警察署での教養が続きますが、学生には、「配属先では言いわけをしたり虚勢《きょせい》を張ったりせず、先輩《せんぱい》や上司の言うことは素直に聞き、自分の非は素直に認めなさい。いつも元気であいさつはしっかりしなさい」とよく指導しています。新たな環境《かんきょう》のなかで、先輩《せんぱい》や上司と良好な関係を築き、大きく成長してほしいと願っています。

学生から学ぶこともある

よく「手のかかる子ほどかわいい」と言いますが、教官になってその気持ちがよくわかるようになりました。ほかの学生ができることがなかなかできなくて何度も厳しく指導した学生が、その後自分で考えてできるようになった時はすごくうれしいです。卒業式で凜《りん》とした姿と表情で卒業していく学生を見ると、思わず込《こ》み上《あ》げてくるものがあります。

一方で、学生を指導・育成する立場にあるのですが、学生から学ぶことも多いと日々感じています。たとえば、警察学校は警察官の原点・本質を教える場なので、学生に「警察官としての誇《ほこ》りと使命感を大切にしなさい」と教えます。しかし、現場の第一線で働いていると忙《いそが》しさのあまり、「初心に戻《もど》る」というタイミングは少ないといえます。私たち教官は、その原点を教えるということを通じて「自分自身もそれがあるからこれまでやってこられた」とあらためて自覚することができるのです。また、やる気に満ちあふれて警察

未来の警察官を送り出していく

官になりたいと日々努力し成長している学生からは元気をもらっています。そうして私たち教官も学生たちといっしょに成長させてもらっている気がします。青春を謳歌《おうか》している学生を間近で見ることで、私自身ももう一度青春を味わった気持ちとなり、大変な仕事ですが、楽しくも感じています。

千葉県警察では女性警察官の採用枠《さいようわく》を増やしており、勤務環境や各種制度が整えられていくなかで、現在は多くの女性警察官が活躍《かつやく》しています。女性だから働きにくいと感じたことはありません。私自身、3人の子どもを育てながら20年以上警察官として働いてきたので、結婚《けっこん》や出産を経験した後も安心して働くことができる千葉県警察は、女性にもお勧《すす》めできる職場です。

Column

警察のいろいろな仕事③

■警察音楽隊

47都道府県すべての警察本部に設置されている警察音楽隊。さまざまなイベントに登場して演奏を披《ひ》露《ろう》しているので見たことがある人も多いだろう。

その歴史は古く、1934年、神《か》奈《な》川《がわ》県警察部警務課内に8名で発足したのが始まりだ。千葉県警の音楽隊は1956年に、警察官の仕事をしながら活動をする「兼務隊」として発足したが、兼務としての活動は厳しく、まもなく解散。その後1970年、千葉県で開《かい》催《さい》される国体を機に、演奏活動に専従する専務隊として発足した。

目的はほかの都道府県警察の音楽隊と同様、音楽を通じて県民とのふれあいを深め、警察活動の円《えん》滑《かつ》な推進を図ること。1982年にはカラーガード隊が発足し、音楽隊の演奏に華《はな》やかなフラッグ演技が加わった。

音楽隊の活動としては大きく二つある。一つは県

千葉県警察提供

民と警察を結ぶ「音のかけ橋」として、音楽を通じて県民に交通安全や防犯の呼びかけを行う警察広報活動。具体的には、警察署主催《しゅさい》の交通安全や防犯のイベントで演奏したり、学校や県から依頼《いらい》されて音楽鑑賞会《かんしょうかい》や各種イベントなどで演奏する。

もう一つが警察職員の士気の向上を目的とした活動。年頭視閲《しえつ》（大勢の警察官が治安維持《いじ》に万全を期すことを誓《ちか》い、パトカーや白バイなどさまざまな警察車両とともに行進する）や警察学校の入学式、卒業式、職員向けのコンサートなどでの演奏だ。そのほか、日頃《ひごろ》の練習の成果を発揮し、純粋《じゅんすい》に県民に音楽を楽しんでもらうため、定期演奏会や各種コンサートなどの自主コンサートも行っている。演奏場所はさまざまで、公園や駅前広場などの屋外で演奏することも少なくない。

演奏ジャンルは、幅広《はばひろ》い年齢層《ねんれいそう》を対象としているのでクラシック、ポップス、ジャズ、歌謡曲《かようきょく》などさまざま。演奏の形は吹奏楽《すいそうがく》で、行事によっては隊列を組んで行進するパレードや、動きを取り入れたドリル演技を披露《ひろう》することもある。

音楽隊の出動がない時は、楽器の個人練習や合奏訓練を行っているが、ほかにもさまざまな仕事がある。たとえば隊員の福利厚生、演奏服の管理、訓練計画、楽譜《がくふ》や楽器の管理、車両の運行など、それぞれの業務を係として分け、音楽隊を運営している。

音楽隊には最初から音楽隊に入隊する「専門職」と、異動希望により音楽隊に配属される「警察官」と「一般《いっぱん》職員」の隊員がいる。専門職には異動がないが、警察官と一般《いっぱん》職員は音楽隊で勤務した後、異動し、再び警察署などでの勤務となる。

それぞれの入隊ルートは以下の通り。

①専門職：音楽隊専門職採用試験（※受験資格は「音楽大学卒業または同等の能力を有する者」）→警察学校→音楽隊勤務

②警察官：警察官採用試験→警察学校→警察署などでの勤務→異動希望→音楽隊勤務

③一般《いっぱん》職員：一般《いっぱん》職員採用試験→警察学校→警察署などでの勤務→異動希望→音楽隊勤務

フローチャート　警察官

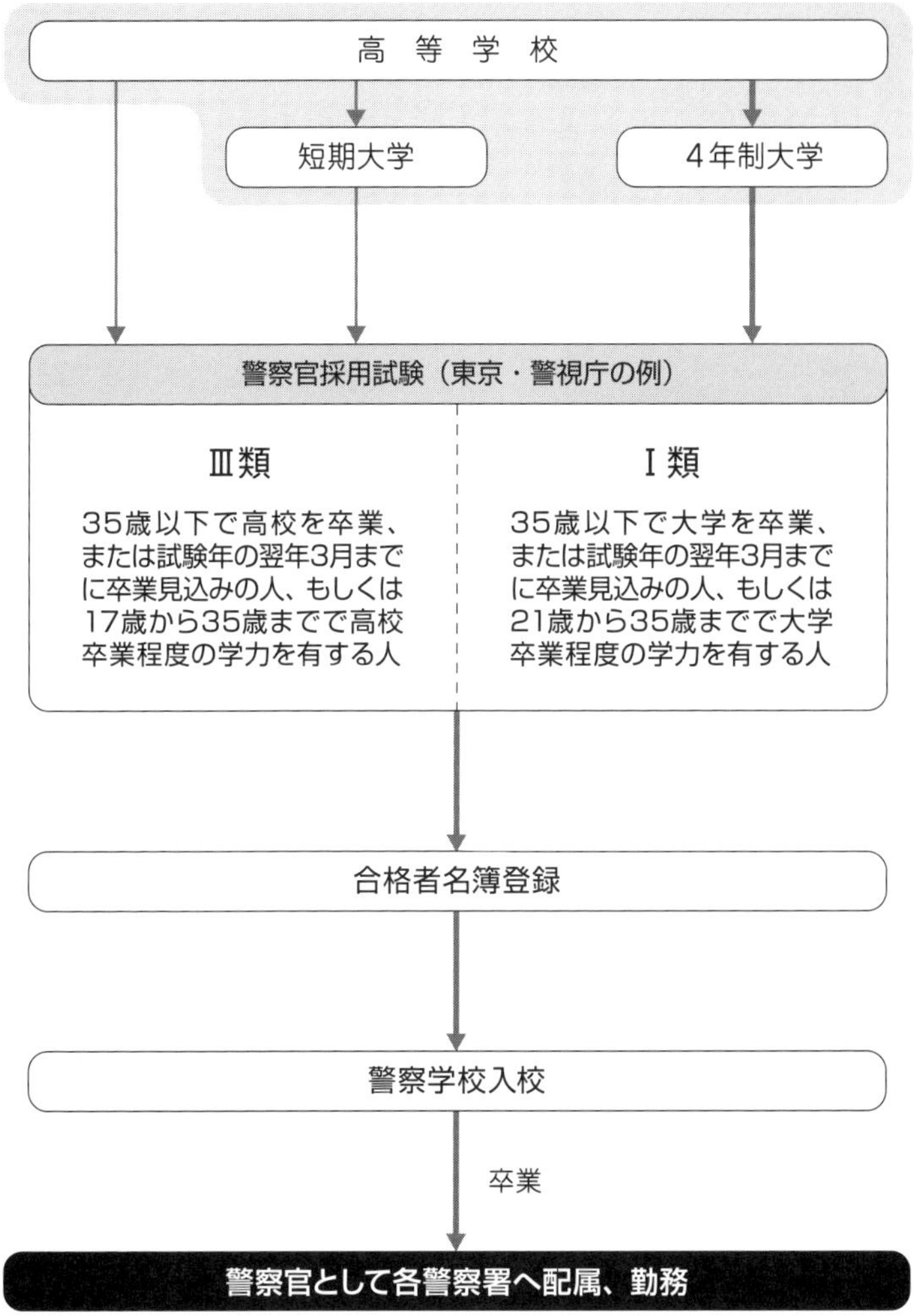
高等学校
短期大学
4年制大学
警察官採用試験（東京・警視庁の例）
Ⅲ類
35歳以下で高校を卒業、または試験年の翌年3月までに卒業見込みの人、もしくは17歳から35歳までで高校卒業程度の学力を有する人
Ⅰ類
35歳以下で大学を卒業、または試験年の翌年3月までに卒業見込みの人、もしくは21歳から35歳までで大学卒業程度の学力を有する人
合格者名簿登録
警察学校入校
卒業
警察官として各警察署へ配属、勤務

なるにはブックガイド

『ハコヅメ〜交番女子の逆襲〜』
泰三子 著
講談社

某県警に10年勤務した作者が、自身の経験をもとに警察官の仕事と日常をリアルかつユーモアたっぷりに描いているマンガ。テレビドラマやアニメにもなった。警察官に興味がある人はまず読むことをお勧めする。

『消防署・警察署で働く人たち』
山下久猛 著
ぺりかん社

警察署の内部をイラストでわかりやすく解説するとともに、実際に警察署で働く主要な職種の人たちにじっくりインタビュー。警察署の職場見学や職場体験をしているような気分になれる。消防との連携についても解説している。

『「捜査本部」という
すごい仕組み』
澤井康生 著
マイナビ出版

オウム真理教事件や放火事件、広域窃盗事件などの捜査にたずさわった元警察庁官僚の著者がみずからの体験に経営学の知識なども加味しつつ、難事件を解決する捜査本部という仕組みを多角的に解説している。

『警察官白書』
古野まほろ 著
新潮社

警察キャリア出身の作家が、デフォルメと擬人化という筆致を駆使して、交番、生活安全、刑事、交通、警備を専門分野別に徹底プロファイル。勤務時間、給料、結婚、家庭生活など警察官のリアルをくわしく描き出している。

職業MAP! 興味があるのはどの仕事?

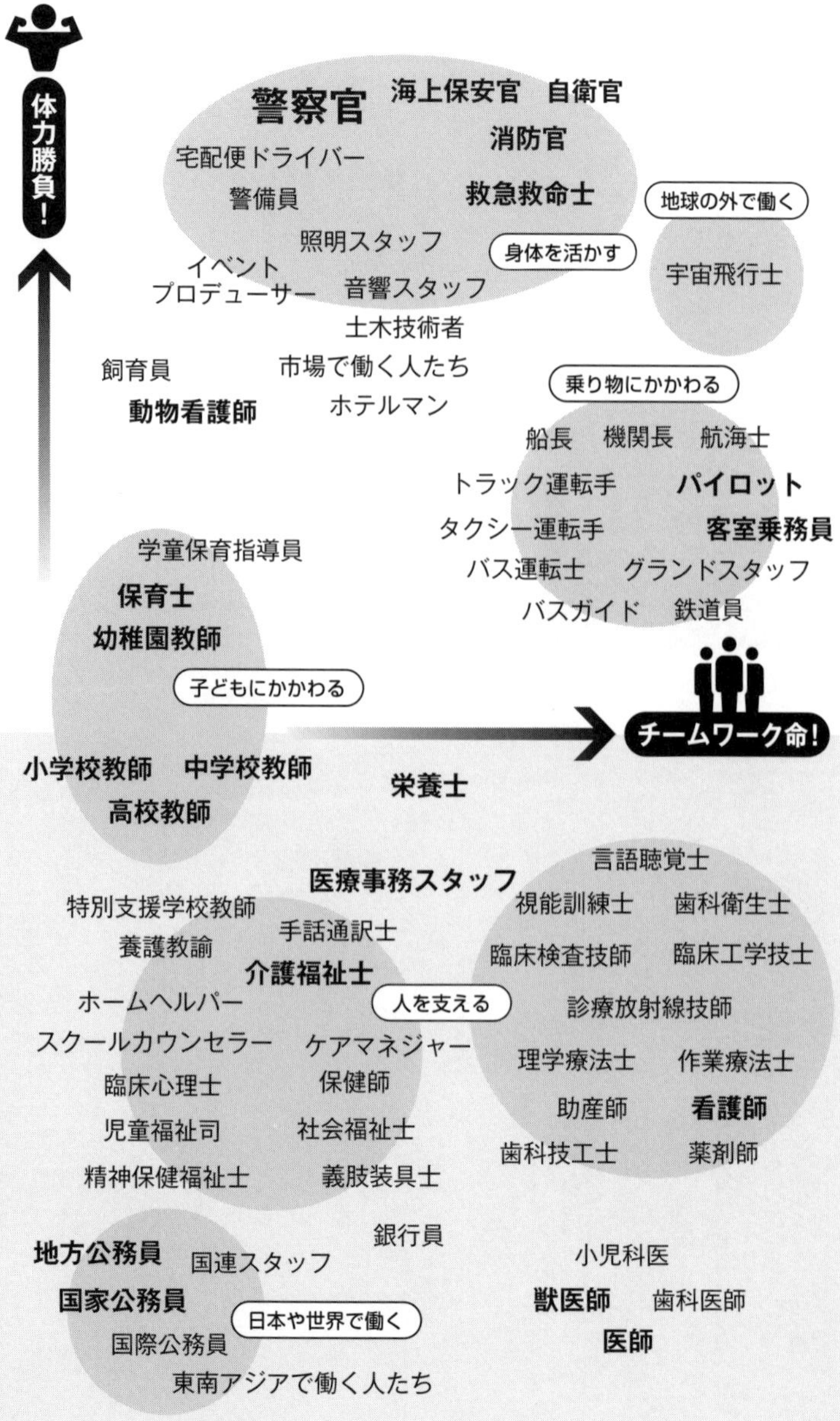
体力勝負!
チームワーク命!
警察官
海上保安官
自衛官
消防官
宅配便ドライバー
警備員
救急救命士
照明スタッフ
身体を活かす
イベント
プロデューサー
音響スタッフ
地球の外で働く
宇宙飛行士
土木技術者
飼育員
市場で働く人たち
動物看護師
ホテルマン
乗り物にかかわる
船長
機関長
航海士
トラック運転手
パイロット
タクシー運転手
客室乗務員
バス運転士
グランドスタッフ
バスガイド
鉄道員
学童保育指導員
保育士
幼稚園教師
子どもにかかわる
小学校教師
中学校教師
高校教師
栄養士
医療事務スタッフ
言語聴覚士
視能訓練士
歯科衛生士
特別支援学校教師
手話通訳士
養護教諭
臨床検査技師
臨床工学技士
介護福祉士
ホームヘルパー
人を支える
診療放射線技師
スクールカウンセラー
ケアマネジャー
理学療法士
作業療法士
臨床心理士
保健師
助産師
看護師
児童福祉司
社会福祉士
歯科技工士
薬剤師
精神保健福祉士
義肢装具士
銀行員
地方公務員
国連スタッフ
小児科医
国家公務員
獣医師
歯科医師
日本や世界で働く
国際公務員
医師
東南アジアで働く人たち

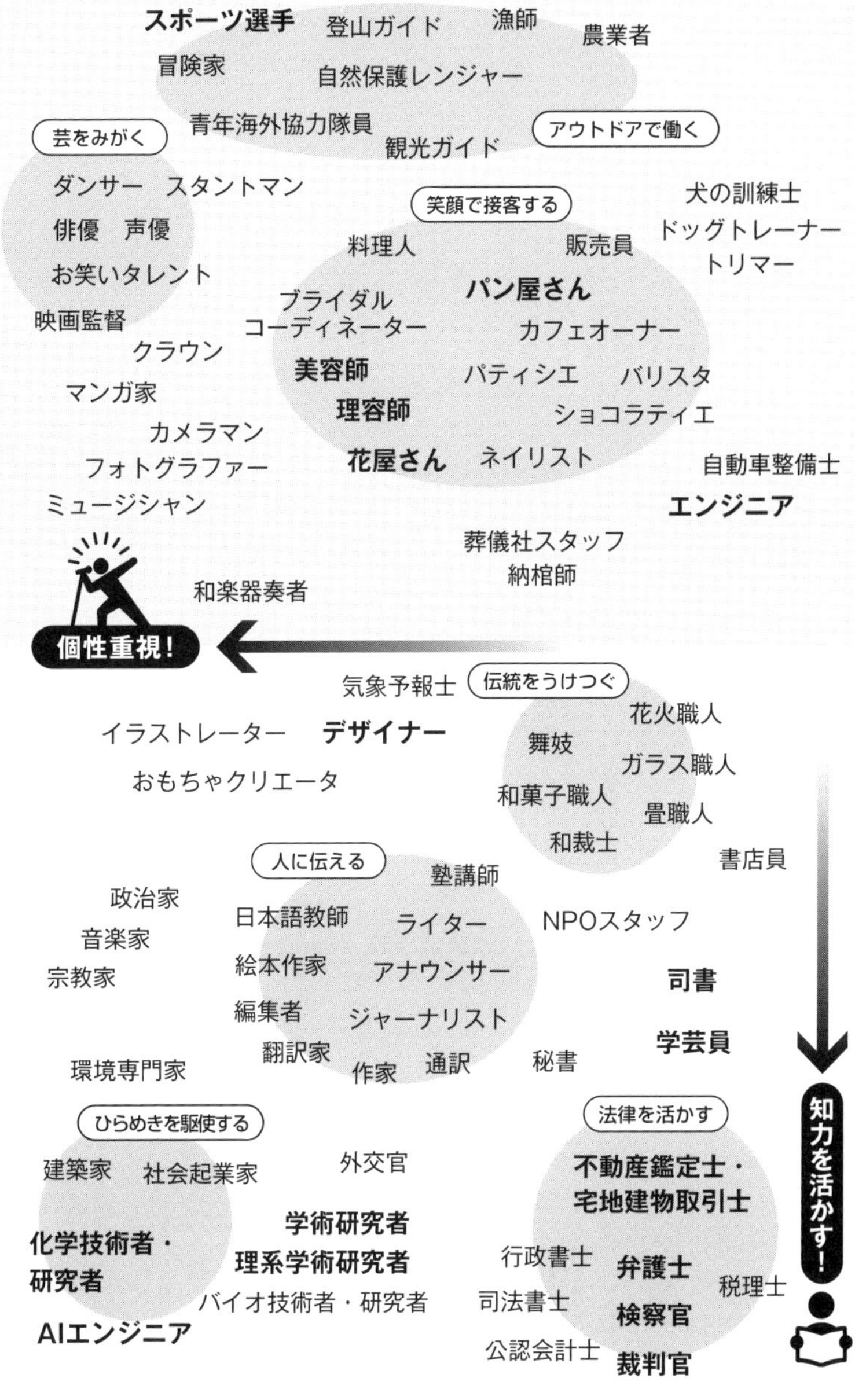
スポーツ選手
登山ガイド
漁師
農業者
冒険家
自然保護レンジャー
青年海外協力隊員
観光ガイド
アウトドアで働く
芸をみがく
ダンサー
スタントマン
俳優
声優
お笑いタレント
映画監督
クラウン
マンガ家
カメラマン
フォトグラファー
ミュージシャン
笑顔で接客する
料理人
販売員
パン屋さん
ブライダルコーディネーター
カフェオーナー
美容師
理容師
パティシエ
バリスタ
ショコラティエ
花屋さん
ネイリスト
犬の訓練士
ドッグトレーナー
トリマー
自動車整備士
エンジニア
葬儀社スタッフ
納棺師
和楽器奏者
個性重視!
気象予報士
伝統をうけつぐ
花火職人
舞妓
ガラス職人
和菓子職人
畳職人
和裁士
イラストレーター
デザイナー
おもちゃクリエータ
書店員
人に伝える
塾講師
政治家
日本語教師
ライター
NPOスタッフ
音楽家
絵本作家
アナウンサー
宗教家
司書
編集者
ジャーナリスト
学芸員
翻訳家
作家
通訳
秘書
環境専門家
ひらめきを駆使する
建築家
社会起業家
外交官
化学技術者・研究者
学術研究者
理系学術研究者
バイオ技術者・研究者
AIエンジニア
法律を活かす
不動産鑑定士・宅地建物取引士
行政書士
弁護士
税理士
司法書士
検察官
公認会計士
裁判官
知力を活かす!

［著者紹介］

山下久猛（やました ひさたけ）

フリーランスライター、編集者。出版社や転職サイトなどで編集、執筆を経て独立。現在はフリーランスとして雑誌、書籍、ウェブサイトの編集、執筆にたずさわっている。テーマは仕事、キャリアなど。さまざまな職業人の仕事観、人生観、歩んできた道のりを聞いて伝えることをライフワークとしている。著書に『魂の仕事人』（河出書房新社）、『大学学部調べ 法学部』『経済学部』（ともにぺりかん社）、構成に『拘置所のタンポポ――薬物依存 再起への道』（双葉社）などがある。

警察官《けいさつかん》になるには

2023年12月25日　初版第1刷発行

著　者　山下久猛
発行者　廣嶋武人
発行所　株式会社ぺりかん社
〒113-0033　東京都文京区本郷1-28-36
TEL 03-3814-8515（営業）
03-3814-8732（編集）
http://www.perikansha.co.jp/
印刷所　大盛印刷株式会社
製本所　鶴亀製本株式会社

ISBN978-4-8315-1657-2　Printed in Japan

＊「なるにはBOOKS」シリーズは重版の際、最新の情報をもとに、データを更新しています。

【なるにはBOOKS】ラインナップ　税別価格 1170円〜1700円